KLEINE AUSZEITEN IN DER

-TOSKANA-

KLEINE AUSZEITEN IN DER

-TOSKANA-

UDO BERNHART & HERBERT TASCHLER

WOCHENEND & WOHNMOBIL

CAMPING- & STELLPLÄTZE · HIGHLIGHTS · AKTIVITÄTEN

BRUCKMANN

INHALT

Blick vom Castello di Castiglione auf den Hafen von Castiglione della Pescaia

SEHNSUCHTSLAND

Ein Genuss für alle Sinne

◀ Michelangelos *David* ▲ Marmorbrüche Carrara ▼ Lardo di Collonata

Eine traumhafte Landschaft mit einer unendlichen Vielfalt an Farben, Formen und Düften. Zypressen, Weinberge, Olivenhaine und Sandstrände, die das Bild prägen. Geschichte, Kunst und Kultur, wie sie kaum irgendwo auf der Welt in solch geballter und einmaliger Art und Weise vorzufinden sind. Gelebte Gastfreundschaft, Lebensfreude, bodenständige Küche und grandiose Weine … all das ist die Toskana, mit allen Sinnen zu erleben und zu genießen.

3000 Jahre Geschichte vereinen sich hier auf engstem Raum. Das etruskische Etruria, das römische Tuscia sowie die im Jahr 1555 von den mächtigen Medici gewaltsam vereinten Völker der Toskana sind nur die wichtigsten Etappen.

WIEGE DER KULTUR

Reiche Spuren haben sie alle hinterlassen: zwischen 800 und 100 v. Chr. etwa die Etrusker in Volterra, in Chiusi, Cortona und Pitigliano, Vetulonia und Populonia, dann die Römer in Fiesole, Arezzo oder Lucca, um nur einige Orte zu nennen. Vier wichtige römische Verbindungswege führten durch die Toskana: Aurelia, Cassia, Clodia und Aemilia Scauria. Im Mittelalter wurde die Via Francigena zu einer der zentralen Nord-Süd-Achsen in Europa. Diese Zeit sticht durch eine rege Bautätigkeit, aber auch durch erbitterte Kämpfe unter den einzelnen Stadtstaaten hervor. Die dunklen Seiten dieser Epoche wurden schließlich mit einer großartigen »Wiedergeburt« überwunden: Florenz wurde mit der Geburtsstunde der Renaissance und mit dem aufblühenden Humanismus zu einer Wiege der Kultur der Neuzeit.

AUF »GRAND TOUR«

Künstler und Intellektuelle reisten bereits ab dem Spätmittelalter durch Italien und besichtigten antike Stätten und Kunstzentren. Einen wahren Aufschwung erlebte dieser »Grand Tour« genannte Kulturtourismus, die erste große Reisewelle der Neuzeit, gegen Ende des 17. Jahrhunderts im Rahmen von Renaissance und Humanismus.

Johann Wolfgang von Goethe reiste 1786 per Pferdekutsche durch die Toskana. In seinen Reiseberichten notierte er: »Es fällt gleich auf, was in der Toskana die öffentlichen Werke, Wege, Brücken für ein schönes grandioses Ansehen haben. Es ist hier alles zugleich tüchtig und reinlich, Gebrauch und Nutzen mit Anmut sind beabsichtigt, überall lässt sich eine belebende Sorgfalt bemerken.«

Auch Heinrich Heine verliebte sich auf seiner Reise in den Süden 1828 in die Toskana: »Das ganze Land ist dort so gartenhaft und geschmückt wie bei uns die ländlichen Szenen, die auf dem Theater dargestellt werden ... Die umgebende Natur wirkt auf den Menschen – warum nicht auch der Mensch auf die Natur, die ihn umgibt? Hier ist sie leidenschaftlich wie das Volk, das hier lebt.« Und er fügt hinzu: »In Italien ist es ja so schön, das Leiden selbst ist hier so schön, in diesen gebrochenen Marmorpalazzos klingen die Seufzer viel romantischer.«

LANDSCHAFT

Die toskanische Landschaft ist ein einzigartiges Naturdenkmal: Generationen von Architekten, Maurern, Steinmetzen, Bauern und Taglöhnern, Holzfällern und Gärtnern haben dieses harmonische Gleichgewicht zwischen Städten und Dörfern und der sie umgebenden Landschaft mit Weinbergen und Olivenhainen, Kornfeldern und Weiden, Zypressenalleen und Eichenwäldern geschaffen ...

Dabei wechselt die Landschaft jeden Augenblick: das romantisch-verträumte Chianti, die Weite der Maremma, die wild-urige Garfagnana und die Apuanischen Alpen, die Crete von Siena, dieses Meer an Farben und Stimmungen, die belebten Strände der Versilia ... allesamt sind sie jeweils Welten für sich.

Die Toskana ist mit 22.992 Quadratkilometern die fünftgrößte Region Italiens. 1330 davon entfallen auf die Inseln des Toskanischen Archipels, 7000 Quadratkilometer sind mit Wald bedeckt. 3,8 Millionen Einwohner leben in der Region, davon knapp 400.000 in Florenz.

Im Norden und Osten schließt der Apennin das Gebiet ein, im Osten geht die Landschaft mit 328 Kilometern abwechslungsreicher Küste ins Thyrrenische Meer über. Nur 8,5 Prozent der Fläche liegen in der Ebene, vor allem entlang der Küste und in der Val d’Arno – hier lebt mehr als die Hälfte der Bevölkerung. Und 66,3 Prozent sind sanfte und weiche Hügel, die das Landschaftsbild der Toskana in besonderem Maße prägen.

Frühlingsstimmung in Nicciano in der Garfagnana

KUNST UND HANDWERK

Es ist wahrlich einmalig, was allein die Städte der Toskana an Kunst und Kultur zu bieten haben. Beginnen wir unsere Stadtbesichtigungen auf den jeweils zentralen Plätzen, dort, wo sich seit Jahrhunderten das kirchliche und/oder politische Leben abgespielt hat und auch heute noch abspielt: den Domplätzen in Florenz, Pisa, Lucca, Pistoia, Prato oder Massa Marittima, dem Großen Platz in Montepulciano, dem Campo in Siena, der Piazza Priori in Volterra, der Piazza Cisterna in San Gimignano, der Piazza Repubblica in Cortona oder jener degli Aranci in Carrara ... um dann in die versteckten Gassen und engen Viertel der mittelalterlichen Stadtkerne einzutauchen. Das örtliche Handwerk hat einiges zu bieten: beispielsweise die Goldschmiede in Arezzo, die Kunstgießereien in Pistoia, die Schmiedeeisen-Arbeiten in Siena, den Marmorabbau in Massa und Carrara, die Alabaster-Verarbeitung in Volterra, die Holzschnitzereien im Casentino, die Arbeiten aus Terrakotta am Monte San Saviano und in Trequanda, die Modewelt in Prato und Florenz oder die Gärtnereien in Pistoia.

Zeit für Genuss: ein wichtiger Ausdruck toskanischer Lebenskunst

Eine Kunstreise über Hügel, Wälder und Felder führt uns zu den großartigen Villen inmitten der toskanischen Landschaft: zu den Villen rund um Lucca, zu den Villen Garzoni in Collodi oder Rospigliosi in Lamporécchio, den Medici-Villen am Monte Albano oder denen im Chianti Senese, zu versteckten Weilern und Dörfern, einsam gelegenen Klöstern und mächtigen Burgen. Die Alpe Apuane, der Apennin und der Monte Amiata laden in höhere Gefilde und beeindruckende Gebirgslandschaften. Nicht zu vergessen die vielen Naturparks und Schutzgebiete.

THERMEN, STRÄNDE UND INSELN

Ein besonderer Reichtum der Toskana kommt aus dem Erdinneren, von den unzähligen Thermalquellen. Schon Etrusker und Römer nutzten die gesundheitsfördernden und entspannenden Kräfte der warmen Wasser, die wie ein Netz über die gesamte Toskana gespannt sind.
Daneben bieten von den Apuanischen Alpen bis zur Maremma von Grosseto kilometerlange Strände jegliche Abwechslung und jede erdenkliche Form von Wassersportmöglichkeiten, von den größeren und kleineren Inseln von Elba bis Giglio mit ihrer besonderen Faszination ganz zu schweigen.

FEIERN UND GENIESSEN

Ein wichtiger Ausdruck toskanischer Lebenskunst sind die Produkte der Landschaft und die Spezialitäten aus der Küche, die zu unvergesslichen Gaumenfreuden laden. Die Küche der Toskana präsentiert sich bodenständig und traditionell, farbenfroh und geschmacksintensiv. Sie hat ihre Wurzeln in der einfachen Bauernküche, die mit wenigen Produkten auskommt und für alles eine Verwertung findet. Typisch sind die vielen Gerichte mit altbackenem Brot: der Broteintopf »Ribollita«, die traditionelle Tomatensuppe »Pappa al Pomodoro« oder das mit Gemüse und Brot »gekochte Wasser«, »l'Acquacotta«. Beim Fleisch steht das Schwein im Mittelpunkt: Würste in jeder Art und Form, Prosciutto, Finocchiona, Lardo di Colonnata. Hinzu kommen Wildschweine und Kaninchen, etwa die berühmten »Pici al Cinghiale« oder »Pappardelle alla Lepre«. Die saftige »Bistecca alla Fiorentina« steht bei Fleischliebhabern ganz oben. Zu den typischen Fischgerichten an der Küste zählt die Fischsuppe »Cacciucco«. Nicht zu vergessen die vielen Süßigkeiten, die »Dolci«, die je nach Jahreszeit und Ort verschieden ausfallen.

Der Ruf der Weine aus der Toskana, der wichtigsten und traditionsreichsten Weinbauregion Italiens, eilt dem Land ohnehin voraus. Neben Chianti, Nobile di Montepulciano und Brunello di Montalcino sind es vor allem die Supertuscans, die seit Jahrzehnten von sich reden machen, zunehmend aber auch kleine Anbaugebiete, etwa in der Maremma um Montecucco und Scansano, die Gegend um Lucca oder die Gebiete des Chianti Rùfina östlich von Florenz, die durch besondere Typizität und Originalität aufhorchen lassen. Nicht zuletzt sind hier die Weißweine aus der Toskana zu nennen, allen voran der Vernaccia di San Gimignano und natürlich, als besonderer süßer Tropfen, der famose Vin Santo.

Zu Keller und Küche gehören die vielen farbenfrohen und traditionsreichen Feste und Feiern – über 700 werden jedes Jahr im ganzen Land gezählt. Neben dem berühmten Pferderennen Palio di Siena, dem Gioco del Ponte (»Spiel der Brücke«) in Pisa oder dem Ritterturnier Giostra del Saraceno in Arezzo weiß jeder Kirchturm seine eigenen Feste zu feiern und zu gestalten. Zu besonderen Höhepunkten werden alljährlich der Fasching in Viareggio und die vielen mittelalterlichen Prozessionen und Bräuche in der Settimana Santa, der Karwoche.

UNTERWEGS IN DER TOSKANA

Mit dem Wohnmobil, dem Motorrad oder mit Fahrrad und Zelt durch das Land zu fahren – für viele Reisende zählt ein solcher Urlaub zu den schönsten, spannendsten und abenteuerlichsten Reisearten. Freiheit und Naturerlebnis stehen dabei im Mittelpunkt. Wohnmobiltouristen und Campingurlauber können frei von irgendwelchen Zwängen individuell entscheiden, wie lange sie sich an einem Ort aufhalten und welche Freizeitaktivitäten auf dem Tagesprogramm stehen.

Campingurlaub lebt davon, dass man sein Wohnmobil dort aufstellt, wo es einem gerade gefällt – im erlaubten Rahmen natürlich. Das gilt sowohl für diejenigen, die meinen, dass man mit einem voll ausgestatteten Wohnmobil nicht auf einen Campingplatz fahren muss, als auch für all die anderen, die einen Campingplatz bevorzugen, und sich über einen Wohnmobilstellplatz mit allem Komfort freuen.

Das Angebot an gut ausgestatteten und einladenden Camping- und Stellplätzen in der Toskana ist groß. Die Gegend ist voll von schönen Orten, die dazu animieren, das Land kreuz und quer zu bereisen und sich an immer neuen, unbekannten Plätzen niederzulassen. Reisen im Wohnmobil ermöglicht es, Land und Leute langsamer und intensiver zu erkunden. Dieser Reiseführer ist für alle gedacht, die etwas mehr von der Toskana sehen, erleben und genießen wollen.

◀ Traditionelle Chianti-Flaschen ▶ Pisas weltberühmter Schiefer Turm

Tettuccio, das repräsentativste Thermalbad von Montecatini Terme

Was könnte all dies besser zusammenfassen als die bekannten Verse aus Goethes »Italienreise«? »Kennst du das Land, wo die Zitronen blühn, / Im dunklen Laub die Goldorangen glühn, / Ein sanfter Wind vom blauen Himmel weht, / Die Myrte still und hoch der Lorbeer steht, / Kennst du es wohl? / Dahin! Dahin! / Möcht ich mit dir, o mein Geliebter, ziehn!«

VERKEHRSRECHTLICHE VORSCHRIFTEN

»Wussten Sie schon«, fragt der ADAC, »dass man sich bei Pkw-Reisen in europäische Nachbarländer vor Reiseantritt mit den verkehrsrechtlichen Vorschriften der jeweiligen Reiseländer vertraut machen sollte?« (Siehe dazu auch: adac.de) Dies gilt nicht nur für das Urlaubsland, sondern auch für die Durchreiseländer. Ansonsten kann eine Kontrolle ein erhebliches Loch in der Urlaubskasse verursachen. In Italien etwa gilt eine Warntafel für Ladungen, die nach hinten überstehen, zur Pflichtausrüstung und muss gut sichtbar angebracht werden.

Fahrräder richtig transportieren: Es gibt mehrere Möglichkeiten, Fahrräder mit dem Pkw zu transportieren. Am besten eignen sich dafür Dach- oder Heckträger. Für einen Heckträger benötigt das Auto eine Anhängerkupplung oder eine vom Hersteller freigegebene stabile Heckklappe, an der der Träger montiert werden kann. Auf dem Kugelkopf wird der Träger, der ein Folgekennzeichen tragen muss, befestigt. Auch eine Beleuchtungsanlage

San Gimignano – Blick von der Torre Grossa

ist Pflicht, sofern die Rückleuchten verdeckt sind. Die Traglast des Trägers und die Stützlast der Anhängerkupplung dürfen dabei nicht überschritten werden. Das Rad zunächst mit dem Rahmen an der Trägerstange fixieren, danach die Reifen mit Schlaufen festzurren. Schließlich das Fahrrad zusätzlich mit Spanngurten sichern und Anbauteile wie Luftpumpe, Akku oder Transportkörbe entfernen. Wichtig: Die Räder dürfen seitlich jeweils höchstens 40 Zentimeter über die Schlussleuchte hinausragen, maximal darf das mit Rädern beladene Auto 2,55 Meter breit sein.
Beim Fahren lautet die Devise: Fuß vom Gas. Nicht nur der Luftwiderstand erhöht sich beim Fahrradtransport, auch das Kurven- und Bremsverhalten des Wagens wird schlechter. Die ADAC-Experten raten daher, maximal 120 km/h schnell zu fahren und keine Abdeckplanen zu verwenden. Auch empfiehlt es sich, nach ein paar Kilometern kurz zu stoppen, um zu kontrollieren, ob das Rad noch fest sitzt.

Das gilt auch bei der Mitnahme eines Fahrrades auf dem Autodach. Voraussetzung hierfür ist eine Dachreling oder ein vom Autohersteller empfohlenes Trägersystem. Rad und Träger dürfen dabei die zulässige Dachlast nicht überschreiten. Auch hier muss der Fahrradrahmen am Träger festgeschraubt werden, bevor man die Räder festschnallt. Nicht vergessen: Der Fahrer sieht das Rad nicht, was vor allem in Tiefgaragen zum Problem werden kann.

Kennzeichnung mit Warntafeln: In Italien muss jede nach hinten über das Fahrzeugheck hinausgehende Ladung mit einer Warntafel versehen werden. Dies gilt auch dann, wenn es sich um einen Heckträger mit eigenem Kennzeichen und Beleuchtung handelt. Die Warntafel soll aus Metallblech sein, muss eine Abmessung von mindestens 50 mal 50 Zentimetern haben und rot-weiß schraffiert sein (fünf rote Streifen). Wer überstehende Ladung nicht entsprechend kennzeichnet, muss mit einer Geldstrafe rechnen. In Italien werden Verstöße mit Bußgeldern von 41 bis 1697 Euro geahndet.

Warnwesten: In vielen Ländern muss nach einem Unfall bei Verlassen des Autos eine Warnweste angezogen werden. Mindestens eine Warnweste pro Fahrzeug ist Pflicht. Wenn aber mehr als nur eine Person im Fahrzeug ist und diese im Pannenfall aussteigen möchte, benötigt auch diese Person in einigen Ländern eine Warnweste. Insofern empfiehlt es sich, mehrere Warnwesten dabei zu haben. Die Warnweste muss üblicherweise griffbereit im Fahrzeuginnenraum aufbewahrt werden, um sie noch vor Verlassen des Fahrzeuges anziehen zu können.

In Italien müssen Fahrer eines Kfz außerhalb geschlossener Ortschaften eine Warnweste tragen, wenn sie ihr Fahrzeug verlassen und sich auf der Fahrbahn aufhalten. Das Nichtmitführen der Warnweste wird nicht bestraft.

Lichtpflicht und Telefonieren: Auf Autobahnen und außerorts muss tagsüber ganzjährig mit Abblendlicht (oder alternativ mit Tagfahrleuchten) gefahren werden. Für Mopeds und Motorräder gilt dies auch innerorts. Telefonieren am Steuer ist nur unter Verwendung einer Freisprecheinrichtung erlaubt. Untersagt ist die Verwendung von Notebooks, Tablets und ähnlichen Geräten, die dazu führen, dass man die Hände vom Lenkrad nehmen muss. Wer dagegen verstößt, muss neben einer Geldstrafe auch mit einem Fahrverbot an Ort und Stelle rechnen. Betroffen sind davon auch ausländische Autofahrer.

FIRENZE / FLORENZ

Die Geburtsstadt der Renaissance

Der Dom Santa Maria del Fiore mit Brunelleschis berühmter Kuppel

1

Wer sich Florenz nähert, erblickt schon von Weitem die mächtige rote Kuppel des Doms, die über dem Dächermeer der Stadt aufragt. Sie weist den Weg zu den zentralen Plätzen Piazza del Duomo und Piazza di San Giovanni, wo die Kathedrale Santa Maria del Fiore mit der einzigartigen Brunelleschi-Kuppel, das Baptisterium di San Giovanni und der Glockenturm von Giotto wohl die ersten Ziele eines jeden Besuchers darstellen.

Nach dem finsteren Mittelalter und der verheerenden Pestepidemie im 14. Jahrhundert stand das Rinascimento an - die Wiedergeburt. Eine neue Sicht der Welt, die Blüte von Kunst und Kultur, Literatur, Philosophie und Wissenschaft prägten das 15. und 16. Jahrhundert. Geburtsort der Renaissance war Florenz, und die Medici waren ihre Wegbereiter.
Dante Alighieri, Francesco Petrarca, Giovanni Boccaccio und Niccolò Machiavelli waren die herausragenden Persönlichkeiten unter den Renaissance-Schriftstellern und -Denkern. Michelangelo Buonarroti, Donatello, Donato Bramante, Sandro Botticelli, Leonardo da Vinci, Tizian und Jacopo Tintoretto wiederum zählen zu den wichtigsten italienischen Künstlern. Und Giorgio Vasari, Filippo Brunelleschi, Andrea Palladio und Niccolò Pisano führten die neue, wegweisende Architektengeneration an. Sie alle haben eines gemeinsam: Sie lebten und arbeiteten - zumindest zeitweise - in Florenz.

PIAZZA DELLA SIGNORIA

Das weltliche Zentrum von Florenz ist seit dem 14. Jahrhundert die Piazza della Signoria. Sie ist im wahrsten Sinne des Wortes eine Freilichtgalerie und präsentiert ein herausragendes Kunstwerk der Renaissance: Der einzigartige *David* von Michelangelo spiegelt mit Würde und Kraft, Mut und Eleganz auf formvollendete Weise die Größe der florentinischen Republik jener Zeit wider - auch wenn heute am Originalstandort des Meisterwerks nur mehr die Kopie der 1501 geschaffenen monumentalen Marmorstatue zu bewundern ist. Das Original steht seit 1882 in der Galleria dell'Accademia. Der Neptunbrunnen von Ammannati (1575) spielt auf Florenz' Ambitionen als Seemacht an. Giambolognas Reiterstatue des Großherzogs Cosimo I. von 1595 erinnert an den Mann, der die Toskana geeint hat. In der Loggia

1

della Signoria, auch bekannt als Loggia dei Lanzi, stechen zwischen den römischen Statuen der berühmte, aus einem einzigen Marmorblock gehauene *Raub der Sabinerinnen* von Giambologna (1583) sowie die Bronzestatue *Perseus mit dem Haupt der Medusa* von Cellini (1554) hervor.

PALAZZO VECCHIO

Der Palazzo Vecchio oder Palazzo della Signoria, 1322 von Arnolfo di Cambio vollendet, ist noch heute Sitz der Stadtverwaltung. Auf dem 94 Meter hohen Campanile kündet seit Jahrhunderten eine große Glocke den Bürgern von wichtigen Ereignissen. Im Inneren wurde der Palazzo von Giorgio Vasari umgebaut, als Cosimo I. 1540 seinen Sitz hierher verlegt hatte. Besonders sehenswert sind der Salone dei Cinquecento, der »Saal der Fünfhundert«, und die Sala dei Gigli, der »Saal der Lilien« (die Lilien sind das Wappenzeichen von Florenz), mit den berühmten Fresken von Ghirlandaio (1485). Von 1865 bis 1871 war der Palazzo Sitz des italienischen Parlaments.

IL BARGELLO UND SANTA CROCE

Das alte Rathaus, Il Bargello, wurde zwischen 1254 und 1261 erbaut und diente ab 1540 als Sitz des Polizeikommandanten, Gefängnis und öffentliche Hinrichtungsstätte. Seit 1865 beherbergt es eines der ersten italienischen Nationalmuseen. In der Sala di Michelangelo steht der *Bacchus* aus dem Jahr 1497, eines der ersten wichtigen Werke des Künstlers. Und in der Sala

◀ Straßencafé im Zentrum ▶ Goldene Schildkröte auf der Piazza della Signoria

Der Palazzo Vecchio ist noch heute Sitz der Stadtverwaltung von Florenz.

di Donatello ist Donatellos berühmte Bronzeskulptur *David* von 1450 zu bewundern. Von besonderem Wert ist auch die vergoldete Bronzetafel von Brunelleschi (1401) mit der Darstellung von Abraham und Isaak.
Zwei Straßen weiter findet sich in der Via Santa Margherita 1 die **Casa di Dante**. Das Haus von Michelangelo Buonarroti hingegen steht in der Via Ghibellina 70. In der einmaligen gotischen **Basilika Santa Croce** (1294) haben Michelangelo und Galilei, Machiavelli und Leonardo Bruni ihre letzte Ruhestätte gefunden. Giotto und Taddeo Gaddi gestalteten die großartigen Fresken im Inneren der Kirche.

SAN LORENZO

Der zwischen 1444 und 1462 errichtete **Palazzo Medici Riccardi** im Stadtteil San Lorenzo war über 100 Jahre lang Sitz der Bankiersfamilie Medici. In der Biblioteca Riccardiana sind wertvolle Handschriften, darunter Dantes *Divina Commedia*, aufbewahrt.
Die von Brunelleschi entworfene Kirche San Lorenzo ist die Hauskirche der Familie. Hier beeindrucken die von Nigetti geplante Cappella dei Principi mit ihren prächtigen Marmorarbeiten und vor allem die Scalinata di Michelangelo von 1559. Diese Treppe zur Biblioteca Mediceo-Laurenziana zählt zu den innovativsten Schöpfungen des Künstlers.

Auf der Piazza della Repubblica im historischen Zentrum von Florenz

SAN MARCO

Das Stadtviertel San Marco ist heute das Studentenviertel von Florenz. Im **Kloster San Marco** aus dem 13. Jahrhundert, das ein herrlicher Freskenzyklus von Beato Angelico (1438–1445) schmückt, regierte einst der fanatische Bußprediger Girolamo Savonarola als Prior. Er lenkte de facto die Geschicke von Florenz von 1494 bis zu seiner Hinrichtung 1498.
Die **Galleria dell'Accademia** ist schon allein wegen Michelangelos *David* einen Besuch wert. Die 1563 gegründete Kunstakademie ist die erste ihrer Art in Europa. Großherzog Leopold eröffnete 1784 die Galerie aus didaktischen Gründen: Die Studenten sollten die Möglichkeit erhalten, große Meisterwerke zu studieren und zu kopieren.

PIAZZA DELLA REPUBBLICA

Die Piazza Repubblica steht auf den Überresten des römischen Forums und einstigen Zentrums des 59 v. Chr. von Julius Caesar gegründeten Florentina. Ein 1895 in römischem Stil errichteter Triumphbogen dominiert den Platz. Der nahe gelegene **Palazzo Strozzi** ist der größte Palast der Stadt. Als 1490 mit seinem Bau begonnen wird, müssen diesem Großprojekt 15 bereits bestehende Gebäude weichen. In der **Basilica di Santa Trinita** aus dem 11. Jahrhundert sind Ghirlandaios Fresken (1483) mit Szenen aus dem Leben des heiligen Franziskus sehenswert.

1

SANTA MARIA NOVELLA

Die zwischen 1279 und 1357 von den Dominikanern errichtete gotische Kirche Santa Maria Novella in der Nähe des Hauptbahnhofs beherbergt einige der wichtigsten Kunstschätze der Stadt. *Die Dreifaltigkeit* von Massaccio ist ein Meisterwerk der Perspektive und der Porträtkunst. Die Kapellen Filippo Strozzi mit Fresken von Filippino Lippi sowie Tornabuoni mit Fresken von Ghirlandaio sowie der »Spanische Kapelle« genannte Kapitelsaal zählen zu den schönsten Räumen der Klosteranlage.

CAFFÈ GILLI. Das älteste Kaffeehaus befindet sich seit 1733 im Herzen von Florenz an der Piazza della Repubblica. Via Roma 1R, Tel. +39 055/21 38 96, caffegilli.com

LE SORELLINE WINE BAR CAFFÈ. Ein unkompliziertes Kaffeehaus mit köstlichen Croissants und guter Weinauswahl. Via Orti Oricellari 58, Tel. +39 393/047 56 02

SANTA MARIA DEL FIORE

Das religiöse Zentrum von Florenz ist im nordöstlichen Teil des alten römischen Florentia angesiedelt. Ihre heutige Form erhielten die beiden Plätze – Duomo und San Giovanni – weitgehend im 13. Jahrhundert. Die romanische Basilika Santa Reparata aus dem 5. Jahrhundert war alt und konnte die Menschenmengen des aufstrebenden Florenz kaum noch fassen. So beschloss die Stadtverwaltung, an derselben Stelle eine neue Kathedrale zu erbauen: eine Kirche, die alles bisher Dagewesene in den Schatten stellen sollte, ein Symbol für die wirtschaftliche und politische Macht des erstarkenden Florenz, ein Bauwerk, das vor allem die beiden Kathedralen der konkurrierenden Städte Pisa und Siena übertrumpfen sollte.

Am Festtag Mariä Geburt 1296 legte der päpstliche Delegat Kardinal Valeriano den Grundstein für das neue Gotteshaus. Die Bauarbeiten nach Plänen von Arnolfo di Cambio begannen mit der Westfassade. Sie nahmen bis zu ihrer Fertigstellung und Einweihung 1436 ganze 170 Jahre in Anspruch. Nach dem Tod von di Cambio übernahm Giotto die Baustelle. Andrea Pisano und Francesco Talenti sorgten für die Vollendung des mächtigen Bauwerks. Mit 153 Meter Länge, 90 Meter Breite im Kreuzschiff und 90 Meter Höhe besaß der Dom zu jener Zeit das größte Kirchenschiff in Europa.

1

Zum buchstäblich überragenden Element der neuen Kathedrale wurde die von **Filippo Brunelleschi entworfene Kuppel**. In nur 16 Jahren, von 1418 bis 1434, wurde sie über der Apsis des Gotteshauses errichtet. Mit 45,5 Meter Durchmesser und 107 Meter Höhe ist sie ein »Wunderwerk der Weltarchitektur« und eine technische Meisterleistung der frühen Renaissance. Ihr Inneres ergibt eine riesige, 3600 Quadratmeter große Fläche, die Giorgio Vasari und Federico Zuccari vollständig mit Fresken ausmalten. Die Thematik ist dieselbe wie im Baptisterium: das Jüngste Gericht mit Himmel und Hölle und Christus als Weltenrichter im Mittelpunkt.

Im eleganten, offenen Inneren des Doms treffen weltliche und religiöse Symbolik ganz unmittelbar aufeinander. Die Stadt als Bauherrin setzte entlang der Seitenschiffe Denkmäler für ihre berühmten und verdienten Persönlichkeiten: Büsten von Brunelleschi, Giotto, Arnolfo di Cambio und Emilio De Fabris sowie Fresken von Dante. Die Spiritualität des Menschen und seine Bestimmung hin zu Gott kommen vor allem in den herrlich farbigen Marmor-Mosaik-Böden und in den 44 bunten Glasfenstern kraftvoll zum Ausdruck.

Mit dem Bau des Glockenturms begann Giotto 1334. Der Campanile sollte ein markantes Wahrzeichen der Stadt werden: 110 bis 115 Meter hoch, mit einem pyramidenförmigen Spitzdach als Abschluss. Auch wenn er schlussendlich nur 84,7 Meter Höhe erreichte, so gehört der quadratische Turm dennoch zu den herausragenden Meisterwerken der gotischen Architektur des 14. Jahrhunderts. Nach Giottos Tod 1337 baute Andrea Pisano nach den Plänen seines Vorgängers die ersten beiden Stockwerke mit ihren reichen, meisterhaft gestalteten Dekorationen und Skulpturen. Die 16 lebensgroßen Statuen stammen von Donatello, Pisano selbst und von Luca della Robbia. Francesco Talenti beendete den Bau 1359. Über 400 Stufen erreicht der Besucher die Aussichtsplattform an der Spitze des Campanile.

DAS BAPTISTERIUM

Das Baptisterium ist die Taufkirche des Florentiner Doms und das älteste Kunstwerk an der Piazza di San Giovanni. Das heutige Baptisterium wurde im 11. Jahrhundert geweiht und mit wertvollem Marmor verkleidet sowie in den darauffolgenden Jahrhunderten durch die Kuppel und die recht-

Das religiöse Zentrum von Florenz: Dom, Campanile und Baptisterium

eckige Apsis im Nordosten erweitert wurde. Die Kunstwerke, denen das Baptisterium seine Berühmtheit verdankt, kamen im 14. und 15. Jahrhundert hinzu: die drei einzigartigen Bronzeportale mit ihren großartig erzählten biblischen Geschichten. 1338 machte Andrea Pisano mit 28 Szenen aus dem Leben von Johannes dem Täufer auf dem Südportal den Anfang. Zwischen 1402 und 1424 schaffte Lorenzo Ghiberti am Nordportal seine ebenfalls 28 Bilder aus dem Neuen Testament und dem Leben Jesu. Das Ostportal schließlich sollte die beiden anderen noch übertreffen. Zwischen 1425 und 1450 gestaltete Ghiberti das Tor mit zehn großformatigen, vergoldeten Bronzetafeln, die Motive aus dem Alten Testament zeigen. Michelangelo taufte das Portal schon bald nach dessen Vollendung »Paradiespforte«. Das Innere des Baptisteriums erinnert in seiner Grundstruktur an das Pantheon in Rom. Die Kuppel hat einen Durchmesser von 26 Metern und wurde ab 1225 in acht Ringen unter anderem von Giotto und Cimabue mit einem der weltweit größten Mosaikzyklen ausgestaltet.

VIELE KUNSTWERKE in der Kathedrale Santa Maria del Fiore, im Baptisterium und im Campanile sind im Lauf der Zeit durch Kopien ersetzt worden. Die Originale befinden sich heute im nahe gelegenen Dommuseum, das einen Besuch lohnt.

Der Ponte Vecchio zählt zu den berühmten Wahrzeichen von Florenz.

TRATTORIA BALDINI. Eine kulinarische Reise durch die Küchentradition von Florenz, familiär und authentisch. Via Il Prato 96R, Tel. +39 055/28 76 63, trattoriabaldini.com

ANTICA TRATTORIA DA TITO DAL 1913. Klassische Toskana-Küche, familiäre Atmosphäre, anständige Preise. Via S. Gallo 112/r, Tel. +39 055/47 24 75, trattoriadatito.business.site

DIE PRACHT DER UFFIZIEN

Die Uffizien, die älteste Kunstgalerie der Welt, beherbergen die weltweit größte Gemäldesammlung der italienischen Renaissance und einige der berühmtesten und bedeutendsten Kunstwerke aller Zeiten. Von Botticelli bis Michelangelo, von Tizian bis Leonardo da Vinci, von Giotto, Raffael und Cimabue bis zu Rembrandt und Rubens, Cranach und Dürer – hier fehlt keiner der großen Meister.

Cosimo I. de' Medici, Herzog der Toskana und Gründer des Großherzogtums Toskana, wollte alle wichtigen Ämter seiner neuen Verwaltung an einem einzigen Ort vereinen und beauftragte deshalb 1599 den berühmten Giorgio Vasari mit der Planung der neuen *uffici*. Ein 1500 Meter langer Gang, der **»Corridoio Vasariano«**, verbindet die Uffizien mit dem nahen Palazzo Vecchio, dem Regierungssitz des Herzogs, und über den Ponte Vecchio mit dem Palazzo Pitti, dem Sitz der Medici.

Francesco de' Medici, Cosimos Nachfolger und passionierter Kunstmäzen, verwandelte den Laubengang im Obergeschoss der Uffizien in eine Galerie für die zahlreichen Kunstwerke aus dem Familienbesitz. Die Bandbreite reicht von den wertvollen römischen Skulpturen aus den Gärten der Medici bis hin zu den bedeutendsten Gemälden der Zeit. 1865 wurde aus den Uffizien offiziell ein Museum, das sich heute auf 50 Säle verteilt und Gemälde aus allen Epochen vom 13. bis zum 18. Jahrhundert beherbergt.

DIE STAATLICHEN MUSEEN von Florenz werben mit einem exklusiven Online-Buchungsservice. Die Uffizien sind außer montags täglich geöffnet, der »Corridoio Vasariano« nur auf Anfrage. Die beste Zeit für einen Museumsbesuch sind die Monate von November bis März.

MERCATO CENTRALE DI SAN LORENZO. Frisches Gemüse, Obst, Pasta fresca, Käse, Wurstwaren ... Piazza del Mercato Centrale, mercatocentrale.it

DOLCEFORTE. Kleines und feines Süßwarengeschäft mit Spezialitäten aus der Toskana. Via Della Scala 21, Tel. +39 055/21 91 16, dolceforte.it

PONTE VECCHIO

Der Ponte Vecchio zählt zu den berühmten Wahrzeichen von Florenz. Er ist die einzige Brücke der Stadt, die im Zweiten Weltkrieg nicht zerstört wurde - und mit Sicherheit eine der am meisten fotografierten Brücken der Welt. Seit 1345 führt der von Neri di Fioravanti oder von Taddeo Gaddi erbaute Übergang über den Arno. Von Anfang an drängten sich auf ihm kleine Läden: Bis 1593 arbeiteten hier die Metzger und Schmiede, die ihre Abfälle in den Fluss Arno warfen. Großherzog Ferdinand I. vertrieb sie und siedelte eine noblere Zunft auf der Brücke an: die Gold- und Silberschmiede. Diese prägen noch heute das Geschäftsleben über dem Fluss. Seit 1565 führt über die Brücke der »Corridoio Vasariano«, der von Vasari gebaute Verbindungsgang der Medici zwischen Palazzo Vecchio, Uffizien und Palazzo Pitti.

1

PALAZZO PITTI

Im Jahr 1457 ließ der Bankier Luca Pitti auf dem grünen Boboli-Hügel südlich des Arno von Filippo Brunelleschi einen Palast aus grob behauenen Steinquadern erbauen. Nach dem Bankrott von Pittis Erben erwarb Eleonora von Toledo, die Gattin Cosimos I., 1549 den Palast. Sie begann mit großzügigen Ausbauarbeiten und der Anlage des Boboli-Gartens als Lustgarten für die Medici und als elegantestem und schönstem Renaissance-Garten Italiens. Für knapp 350 Jahre war der Palazzo Pitti Residenz der Herzöge der Toskana und später des Königs von Italien. Vittorio Emanuele III. trat ihn 1919 an den Staat Italien ab. Heute sind im Palazzo **sieben verschiedene Museen** untergebracht: die Galerie Palatina, die einen Teil der Gemäldesammlung der Medici zeigt, die königlichen Gemächer (Appartamenti Reali), das Silbermuseum (Museo degli Argenti), die Galleria d'Arte Moderna, die Kostümgalerie (Galleria del Costume), das Porzellanmuseum (Museo delle Porcellane) sowie das Kutschenmuseum (Museo delle Carrozze; Informationen: palazzopitti.it, polomuseale.firenze.it).

◀ Denkmal Giovanni delle Bande Nere auf der Piazza San Lorenzo
▲ Die Uffizien vom Arno aus ▼ Blick von Fiesole auf Florenz

AUF EINEN BLICK

Info

STADT/REGION: Firenze/Florenz
BESTE REISEZEIT: ganzjährig
OPTIMALE REISEDAUER: 3–4 Tage
TOURISTINFO: Ufficio Informazioni Turistiche, Via Camillo Benso di Cavour 1, Firenze, +39 055/28 84 96, afirenze.info, firenzeturismo.it, feelflorence.it

NICHT VERSÄUMEN

PALAZZO VECCHIO: Piazza della Signoria, ticketmuseums.comune.fi.it
KATHEDRALE SANTA MARIA DEL FIORE & CAMPANILE: Piazza del Duomo, duomo.firenze.it
BAPTISTERIUM: Piazza San Giovanni, duomo.firenze.it
MUSEO DELL'OPERA DEL DUOMO: Piazza del Duomo, duomo.firenze.it/it/home
UFFIZIEN: Piazzale degli Uffizi, uffizifirenze.it
IL BARGELLO: Via del Proconsolo 4, bargellomusei.beniculturali.it
BASILICA SANTA CROCE: Piazza di Santa Croce 16, santacroceopera.it
BASILICA DI SAN LORENZO: Piazza di San Lorenzo 9, operamedicealaurenziana.org
GALLERIA DELL'ACCADEMIA: Via Ricasoli 58/60, galleriaaccademiafirenze.it
MUSEO DI SAN MARCO: Piazza San Marco, firenzemusei.it
BASILICA DI SANTA MARIA NOVELLA: Piazza di Santa Maria Novella 18, smn.it
PALAZZO PITTI: Piazza de' Pitti 1
GIARDINO DI BOBOLI: Piazza de' Pitti 1, uffizi.it/en/boboli-garden

FIRENZE CAMPING IN TOWN

ADRESSE: Via Generale C. A. dalla Chiesa 1/3, Firenze, Tel. +39 055/469 83 00, firenze.huopenair.com
GPS: 43.76544, 11.31504
Klassische Stellplätze am Arno-Ufer am östlichen Stadtrand von Florenz, die sich für alle Arten von Zelten, Wohnmobile und Mini-Caravans eignen.

PRATO & PISTOIA

Florierende Handelszentren

Der weit ausladende Domplatz im historischen Zentrum von Pistoia

Nordwestlich von Florenz schmiegt sich Prato an den Fluss Bisenzio. Seit Jahrhunderten spielt die historische Industriestadt eine herausragende Rolle in der Wollverarbeitung und der Produktion feiner Stoffe. In Pistoia treffen Mittelalter, Renaissance und Barock in stilvoller Eintracht aufeinander. Die Stadt lebt vor allem von den unzähligen Gärtnereien und Baumschulen, die die gesamte Umgebung in Beschlag nehmen.

Prato wird im 10. Jahrhundert erstmals urkundlich erwähnt. Die Bevölkerung gab sich eine eigene Stadtverwaltung mit gewählten Konsuln und einem Bürgermeister. Die Stadtmauern zum Schutz des bereits florierenden Wollhandels wurden im 12. und 13. Jahrhundert erbaut. Der Kaufmann Francesco di Marco Datini stieg im 14. Jahrhundert zum bekanntesten Wollproduzenten und Händler seiner Zeit auf. Ihm verdankt Prato das umfangreichste Handelsarchiv des Mittelalters; es umfasst rund 150.000 Schriftstücke aus Datinis Handelstätigkeit in den Jahren 1364 bis 1410. In seinem Palazzo ist heute das Museo Casa Francesco Datini untergebracht.

TEXTILHAUPTSTADT DES LANDES

Mit Beginn der Mechanisierung und Industrialisierung im 18. Jahrhundert verlagerten sich die Schwerpunkte der **Wollverarbeitung**: In Prato konzentrierte man sich nun darauf, im großen Stil Verschnitte und Wollreste zu verwerten und zu Stoffen zu verarbeiten. Mit diesen Produkten eroberten die Händler schon bald die internationalen Märkte.

An die 9000 mittlere und kleine Handwerksbetriebe führen heute in der Region die Tradition weiter, die ein geflügeltes Wort treffend beschreibt: »In Florenz wird Mode entworfen und verkauft. In Prato wird sie gemacht.« Große Bedeutung kommt dabei Little Chinatown zu: Nirgendwo sonst in Italien leben und arbeiten so viele Chinesen wie in der Textilhauptstadt des Landes.

MUSEO DEL TESSUTO. Einen spannenden Einblick in die Arbeitsweise vergangener Jahrhunderte und einen Überblick über die Industriegeschichte Pratos vermittelt das Textilmuseum Museo del Tessuto.

ZUM SPAZIEREN UND SHOPPEN – vor allem von Designerstücken und modischer Kleidung – lädt die großzügig angelegte Fußgängerzone in der Innenstadt ein. Prato ist der ideale Ort zum Einkauf von Strickwaren, Bekleidung und Stoffen direkt in den Textilfabriken mit ihren Geschäften. Einige Tipps: Malo Outlet Store, Piazza Marconi 339, malo.it; Giesse (Leinen), Via Orindo Pieri 11, giessetex.it; Glamour Florence, Via San Silvestro 8, glamourflorenceb2b.com

BASILICA MINOR UND KAISERKASTELL

Besucher fühlen sich in Prato jedoch keineswegs wie in einer typischen Industriestadt. Sehenswert sind hier der Dom Santo Stefano aus dem 10. Jahrhundert mit der Kanzel von Donatello und Michelozzo. Die Kapelle links neben dem Eingang hütet die hoch verehrte Reliquie Sacra Cintola – der »Heilige Gürtel« wurde der Legende nach von der Gottesmutter dem Apostel Thomas überreicht. Der Dom, die Kathedrale des Bistums Prato, führt seit 1996 den Titel »Basilica minor«.

Einzigartig ist auch das zwischen 1237 und 1248 vom sizilianischen Architekten Riccardo da Lentini im Auftrag von Kaiser Friedrich II. erbaute wuchtige Castello dell'Imperatore, das Kaiserliche Kastell. Das Bollwerk ist in seiner Form das einzige Beispiel staufischer Architektur im nördlichen Italien. Wenn man die Burg betritt, gelangt man in den großen Hof und zu den Räumen in den Türmen. Über eine Treppe im Wachtturm an der östlichen Ecke erreicht man den oberen Laufgraben, der an drei Seiten des Gebäudes verläuft. Von hier aus genießt man eine herrliche Aussicht auf die Denkmäler der Stadt und die umliegenden Hügel.

ANTICA VINERIA. Lockeres Ambiente zu passenden Preisen. Via San Giusto 9/i, Prato, Tel. +39 0574/63 19 59, anticavineriaonline.it
OSTERIA SU SANTA TRINITA. Ausgezeichnete lokale Küche, gutes Preis-Leistungs-Verhältnis. Vicolo Neroni 4, Angolo Via Santa Trinita, Prato, Tel. +39 0574/60 58 99, osteriasantatrinita.it
LE BARRIQUE WINE BAR BISTRO. Lockere Atmosphäre, gute Weinauswahl, kleine Speisekarte. Via Giuseppe Mazzoni 19, Prato, Tel. +39 0574/301 51

Kaiser Friedrich II. erbaute das wuchtige Castello dell'Imperatore in Prato.

PISTOIA – STADT DER GÄRTEN UND BÄUME

Rund um den Domplatz von Pistoia finden sich die ältesten Siedlungsspuren aus der Bronzezeit und aus der Epoche der Etrusker. Das römische Pistorium wurde schon im 2. Jahrhundert v. Chr. gegründet. Zur Stadt erblühte Pistoia aber erst im Mittelalter. Seinen Kern umgaben im 8. Jahrhundert erstmals schützende Mauern. Als Freistadt mit einer ersten Stadtordnung im Jahr 1117 erlebte Pistoia einen wirtschaftlichen Aufschwung, und die heutige historische Altstadt dehnt sich entsprechend aus. Neue und erweiterte Stadtmauern werden zwischen 1150 und 1200 gebaut. Doch Kämpfe zwischen Ghibellinen und Guelfen und Auseinandersetzungen mit Florenz und Lucca bremsten die wirtschaftliche und politische Entwicklung. Nach fast einjähriger Belagerung – vom 22. Mai 1305 bis zum 10. April 1306 – ergab sich das ausgehungerte Pistoia den Truppen von Florenz. Danach wurde mit dem Bau der dritten, trapezförmig angelegten Stadtmauer begonnen. Der Domplatz mit Kathedrale, Turm, Baptisterium, Rathaus und Bischofspalast nahm seine heutige Form an. Die internen Kämpfe zwischen den Familien Panciatichi und Canvellieri gingen aber auch unter der Herrschaft von Florenz weiter. Cosimo I. de' Medici beendete die Auseinandersetzung mit einer neuen Stadtherrschaft und begann 1539 mit dem Bau der Stadtfestung Santa Barbara.

Kunstvolles Keramikfries am Ospedale del Ceppo in Pistoia

OSTERIA DEL CANBIANCO. Angenehme Atmosphäre, typische Toskana-Küche und herausragender Service. Via del Canbianco 8, Pistoia, Tel.+39 0573/178 03 84

LUNA ROSSA VERACE PIZZA E GRIGLIA. Einladend-elegantes Ambiente, ausgezeichnete Pizza, Hamburger, Panini ... Via Della Madonna 36, Pistoia, Tel. +39 0573/99 43 84

MITTELALTERLICHE PRACHT

Der weit ausladende **Domplatz** mit den interessanten architektonischen Kontrasten bildet das historische Zentrum von Pistoia. Die **Kathedrale San Zeno** geht auf das 5. Jahrhundert zurück und wurde in ihrer heutigen Form in romanisch-pisanischem Stil im 12./13. Jahrhundert erbaut. Vor der Kathedrale öffnet sich ein auf eleganten, zierlichen Pfeilern errichteter Säulengang mit einer kunstvollen Kassettendecke in glasierter Terrakotta von Andrea della Robbia. Im Zentrum über dem Haupteingangstor thront zwischen zwei Engeln die Madonna mit dem Kind.

Einfach und doch majestätisch präsentiert sich das Innere der dreischiffigen Kathedrale. In einer Seitenkapelle befindet sich der mit über 600 Figuren reich verzierte Altar Dossale d'Argento di San Jacopo. Das beeindruckende Kunstwerk zählt zu den bedeutendsten Werken der Goldschmiedekunst in Italien. Im linken Hauptaltar hängt eine von Verrocchio und Lorenzo di Credi einmalig gestaltete Madonna mit Kind zwischen den Heiligen Zeno und Johannes dem Täufer.

Auf der linken Seite der Kathedrale ragt der 1576 vollendete **Glockenturm** 67 Meter empor. Genau gegenüber steht das achteckige gotische **Baptisterium**, von Andrea Pisano 1361 aus weißem und grünem Marmor und mit eleganten Dekorationen erbaut. Zur rechten Seite der Kirche beherbergt der **Bischofspalast** aus dem 10. bis 12. Jahrhundert unter anderem das Dommuseum. Der **Palazzo Pretorio** aus dem Jahr 1367 ist heute Gerichtssitz. Das dominierende Gebäude am Domplatz ist jedoch das **Rathaus** mit seiner wuchtigen Fassade aus Sandstein. Bei einem Besuch des städtischen Museums können auch die herrlichen Säle des Palastes besichtigt werden.

Nicht weit vom Domplatz entfernt steht der herrliche Renaissancebau des **Ospedale del Ceppo**. Das Krankenhaus wurde im 13. Jahrhundert gegründet. Seinen wunderbaren Vorbau von Giovanni della Robbia ziert ein Fries aus glasierter Keramik mit den sieben Werken der Barmherzigkeit. Das mittelalterliche Zentrum der verträumten, ruhigen Stadt lädt mit seinen vielen schmucken Einkaufsläden und kleinen Trattorie zum Entdecken und Eintauchen in eine andere Zeit ein. Pistoia wartet das ganze Jahr über mit großartigen Veranstaltungen auf. Zu erwähnen sind die vielen historischen und traditionellen Feiern zu Ehren des Stadtheiligen St. Jakob mit dem spektakulären »Bärenturnier«, der Giostra del Orso, einem Reiterwettkampf, und dem innovativen Pistoia-Underground-Festival im September.

◀ Eingang zum Baptisterium ▶ Zebra-Fassade von San Giovanni Fuoricivitas

2

MERCATO PIAZZA DUOMO. Geschäftiger Wochenmarkt auf der Piazza del Duomo, jeweils samstags und mittwochs.

CONFETTERIA CORSINI. Kleine, beliebte Konditorei mit traditionellen Plätzchen, Schokolade, Zuckermandeln und Kuchen. Piazza San Francesco d'Assisi 42, Pistoia, Tel. +39 0573/201 38, brunocorsini.com

I SAPORI DELLA BOTTEGAIA. Kleines Geschäft mit reicher Auswahl an Delikatessen und Geschenkartikeln. Via di Stracceria 4, Pistoia, Tel. +39 0573/35 84 50

Tipp

Beim Festival Pistoiablues verwandelt sich Pistoia alljährlich im Juli für vier Tage in ein internationales Mekka für Blues-, Rock- und Folkfans. Pistoiablues geht seit 1980 auf der herrlichen Kulisse des Domplatzes von Pistoia sowie in den vielen Kneipen der Stadt über die Bühne. Nationale und internationale Stars aus der Blues-, Rock- und Folkszene geben sich in diesem einmaligen Ambiente ein Stelldichein. pistoiablues.com

◀ Die dreischiffige Kathedrale von Pistoia ▶ In der Altstadt von Prato

AUF EINEN BLICK

Info

STADT/REGION: Prato, Pistoia
BESTE REISEZEIT: ganzjährig
OPTIMALE REISEDAUER: 3–4 Tage
TOURISTINFOS: Ufficio Informazioni Turistiche Prato, Piazza del Comune (Palazzo Pretorio), Prato, Tel. +39 0574/183 78 59, pratoturismo.it
Ufficio Informazioni Turistiche Pistoia, Piazza del Duomo 4, Pistoia, Tel. +39 0573/216 22, pistoia.turismo.toscana.it

NICHT VERSÄUMEN

MUSEO DEL TESSUTO: Via Puccetti 3, Prato, museodeltessuto.it
DOM SANTO STEFANO: Piazza Duomo, Prato, Tel. +39 0574/392 59
CASTELLO DELL'IMPERATORE: Piazza Santa Maria delle Carceri, Prato, Tel. +39 0574/382 07, cittadiprato.it
KATHEDRALE SAN ZENO: Piazza del Duomo, Pistoia
BAPTISTERIUM: Piazza del Duomo, Pistoia
BISCHOFSPALAST MIT DOMMUSEUM: Museo della Cattedrale, Antico Palazzo dei Vescovi, Piazza del Duomo, Pistoia, musei.diocesipistoia.it
RATHAUS MIT STÄDTISCHEM MUSEUM: Museo Civico d'arte antica in Palazzo Comunale, Piazza Duomo 1, Pistoia, Tel. +39 0573/37 12 96, musei.comune.pistoia.it

WOHNMOBILSTELLPLATZ PARCHEGGIO STADIO IN PISTOIA

ADRESSE: Via Marino Marini/Via delle Olimpiadi, Pistoia, Tel. +39 0573/216 22, pistoia.turismo.toscana.it
GPS: 43.93204, 10.94932
Gebührenfreier Stellplatz für 40 Mobile in Pistoia. Der Stellplatz liegt auf einem Parkplatz. Überwiegend ebener, teilweise schattiger Platz. Befestigter Untergrund. ÖPNV-Anschluss am Stellplatz. Am Platz Hunde erlaubt. Maximaler Aufenthalt: 2 Nächte. Ganzjährig nutzbar.

Wohnmobilstellplatz Stadio in Pistoia

MONTECATINI TERME

Die heilenden Quellen

Das 1779 errichtete klassizistische Thermalbad Tettuccio

3

Das historische Montecatini Alto liegt oben auf der Hügelkuppe des Apennins, das neue Montecatini Terme zu dessen Füßen in der Valdinièvole zwischen Pistoia und Lucca. Montecatini Terme zählt zu den berühmtesten Thermalkurorten Italiens. Die Stadt ist aber nicht nur durch ihre Heilwässer, sondern auch durch ihre reiche Musiktradition bekannt geworden.

Die Ebene Valdinièvole war ein schwer zugängliches Sumpfgebiet, bis im 17. Jahrhundert Leopold, Großherzog der Toskana, begann, das Gebiet trockenzulegen und die bereits damals bekannten Heilquellen zu fördern. Das war die Geburtsstunde von Montecatini Terme oder Montecatini Bagni, wie der Ort in den Anfangsjahren genannt wurde. 1773 ließ Leopold das Bagno Regio bauen, 1775 die Terme Leopoldine und 1779 die Thermenanlage Tettuccio. Rund um die Heilbäder entstand das moderne Montecatini mit seinen großzügigen Parkanlagen und noblen Hotels wie dem Grand Hotel La Pace. Elegante Villen und Gebäude im klassizistischen oder raffiniert-lieblichen Jugendstil, der in Italien *stile floreale* oder *Liberty* genannt wird, prägen das architektonische Bild der Stadt und machen diese zu einem Zentrum der Art-nouveau-Architektur.

MO.C.A. MONTECATINI CONTEMPORARY ART. Ein Besuch im Museum für zeitgenössische Kunst im renovierten Palazzo Comunale – mit Werken vom 17. Jahrhundert über Miró und Cezanne bis Banksy – lohnt sich.

STADT DER MUSIK

Schon zu Beginn des 19. Jahrhunderts galt Montecatini als eines der schönsten Heilbäder Europas. Der Aufschwung wurde 1853 durch den Bau der Eisenbahn noch gefördert. Die Liste der Persönlichkeiten, die hier ihren Erholungsurlaub verbrachten, ist lang. Vor allem auf Musiker übte die Stadt einen besonderen Reiz aus: **Gioacchino Rossini** lebte viele Jahre in der Locanda Maggiore, in der noch heute sein Musikzimmer besichtigt werden kann. **Giuseppe Verdi** kam 20 Jahre lang immer wieder hierher, ebenso wie **Giacomo Puccini**, **Arturo Toscanini** und **Enrico Caruso**. **Ruggero Leoncavallo** verlegte seinen Wohnsitz nach Montecatini, **Pietro Mascagni** und **Richard Strauss** weilten hier auf Kur. Im renommierten Montecatini Opera Festival wird die musikalische Tradition alljährlich wieder lebendig (montecatinioperafestival.it).

STADT DES WASSERS

Die Heilquellen von Montecatini waren schon den Römern bekannt. Aus dem 14. Jahrhundert stammen die ersten wissenschaftlichen Untersuchungen über die Auswirkungen der einzelnen Thermalwasser. Dank ihrer Chlor-Phosphor-Natrium-Zusammensetzung sind sie speziell bei gastrointestinalen Erkrankungen, Leber-, und Gallenleiden sowie bei Herz-Kreislauf-Beschwerden und Hauterkrankungen wirksam und zu empfehlen. In den einzelnen Thermalbädern werden alle erdenklichen Therapieformen angeboten, von Trink- und Fangokuren über Inhalationstherapien bis zu Massagen und Ayurveda-Anwendungen.

TRATTORIA DA GINA. Gastfreundlichkeit und familiäre Atmosphäre, gepaart mit bodenständiger Küche und gutem Preis-Leistungs-Verhältnis. Via Puglie 7, Tel. +39 0572/191 00 20, trattoriadaginamontecatini.it

RISTORANTE MONTACCOLLE. Traumhafte Aussicht auf Montecatini, elegantes Ambiente, modern inspirierte mediterran-toskanische Küche, ansprechende Auswahl an Weinen und professioneller Service. Via Marlianese 27, Località Montaccolle, Tel. +39 0572/77 38 28, ristorantemontaccolle.com

OSTERIA IL BIVIO. Ein Paradies für Fleischliebhaber, legendäre Fiorentina. Località Vico 1, Tel. +39 0572/673 19, osteriailbivio.it

RELAXEN IM TETTUCCIO

Das repräsentativste und eindrucksvollste Thermalbad der Stadt ist der 1779 errichtete und von 1918 bis 1928 vollständig renovierte klassizistische Tettuccio. Der Name leitet sich von dem kleinen Dach, der *piccola tettoia*, ab, das die Mineralquelle ursprünglich schützte. Ein Spaziergang durch die mit Fresken, Keramikarbeiten und Kunstwerken reich dekorierte und künstlerisch gestaltete Anlage mit dem großzügig angelegten Park und der anschließenden Terme Regina wird zum einmaligen Erlebnis.

▲ Montecatini Alto ◀ Das Thermalbad Excelsior ▶ »Rinfresco« – Erfrischung im Tettuccio

Die Terme Leopoldine aus dem Jahr 1775 wurden zwischen 1922 und 1926 renoviert und werden zurzeit radikal umgebaut. Die Anlage Tamerici mit ihren kunstvollen Keramikarbeiten, Mosaikböden und bunten Glasfenstern von Galileo Chini dient heute vor allem für Kunstausstellungen und verschiedene Veranstaltungen. Die 1968 mit Beton und Glas umgestalteten Terme Excelsior und die 2009 vollkommen neu errichteten Terme Redi bieten modernste Thermalkuren mit allem Drum und Dran (termemontecatini.it).

Tipp

Montecatino Alto erreicht man mit der 1898 eröffneten Standseilbahn, die zu den ältesten Italiens zählt. Im 30-Minuten-Takt bringt sie die Besucher in zehn Minuten hinauf ins mittelalterliche Montecatini Alto. Das 290 Meter hoch gelegene Zentrum mit dem herrlichen Panoramablick erlebte seine besten Zeiten im Mittelalter. Um die Jahrtausendwende wurde die Burg mit Stadtmauer und 25 Wehrtürmen errichtet. 1554 schleifte Florenz nach langen Machtkämpfen Burg und Wehranlagen. Nur ein einziger Turm, die Torre Ugolino, erinnert heute noch an das befestigte mittelalterliche Montalcino.

3

MERCATO COPERTO. Mercato della Terra e degli Agricoltori (Bauernmarkt) mit Slow-Food-Produkten aus der Toskana. Jeden Donnerstag und Samstag von 8 bis 12.30 Uhr, Via Mazzini 57

SILVANA OLMO. Kreative Werkstätte für Einrichtung und elegante Accessoires. Viale Alessandro Manzoni 8, Tel. +39 0572/77 22 81, silvanaolmo.com

AUF DEN SPUREN PINOCCHIOS

Nur wenige Kilometer von Montecatini Terme entfernt lädt in Collodi der Parco di Pinocchio zum Besuch ein. Der wohl berühmteste hölzerne Hampelmann der Welt hat in dem kleinen Nest an den Ausläufern des Apennins seinen Ursprung. Carlo Lorenzoni (Collodi) verbrachte hier einen Teil seiner Jugend, veröffentlichte 1881 die Abenteuer des Pinocchio und erreichte mit seiner lebendigen Holzpuppe Weltruhm. Der 1956 eröffnete Pinocchio-Park überrascht mit vielen Skulpturen und in die herrliche Landschaft eingebundenen Stationen aus Pinocchios Leben, mit Kinderspielplatz und Abenteuerspaziergang, kleinem Museum, Kinderwerkstätten, verschiedensten Veranstaltungsangeboten und der Osteria del Gambero Rosso.

Sehenswert sind in Collodi zudem die im Renaissance- und Barockstil errichteten Gartenanlagen der benachbarten Villa Garzoni mit dem Butterfly-House sowie die nahe gelegene Kunststadt Pescia mit dem pittoresken Blumenmarkt.

◀ Pinocchio – Puppe mit Weltruhm ▶ Standseilbahn nach Montecatino Alto

AUF EINEN BLICK

STADT/REGION: Montecatini Terme
BESTE REISEZEIT: ganzjährig
OPTIMALE REISEDAUER: 2–3 Tage
TOURISTINFO: Ufficio Informazioni Turistiche, Viale Giuseppe Verdi 66, Montecatini Terme, Tel. +39 0572/77 22 44, termemontecatini.it

NICHT VERSÄUMEN

TERME TETTUCCIO: Viale Giuseppe Verdi 71, Montecatini Terme, Tel. +39 0572/778 1, termemontecatini.it
TERME REDI: Viale Alessandro Bicchierai 64, Montecatini Terme, Tel. +39 0572/77 81, termemontecatini.it
FUNICOLARE DI MONTECATINI TERME: Viale Armando Diaz 22, Montecatini Terme, funicolaremontecatini.com
PARCO DI PINOCCHIO: Via San Gennaro 5, Collodi, Tel. +39 0572/42 93 42, pinocchio.it
MO.C.A. MONTECATINI CONTEMPORARY ART: Viale Verdi 46, Montecatini-Terme, Tel. +39/366/752 97 02, mocamontecatini.it

CAMPING BELSITO

ADRESSE: Via delle Vigne 1, Montecatini-Terme, Tel. +39/328/576 86 02, campingbelsito.it
GPS: 43.90528, 10.78787

Der Camping Belsito befindet sich 250 Meter über dem Meeresspiegel entlang der Straße, die Montecatini Terme und Montecatini Alto verbindet, und erstreckt sich über 5 Hektar auf drei verschiedenen Landschaftsebenen. Ein idealer Ausgangspunkt für zahlreiche Ausflüge in die nähere und weitere Umgebung. Der Service umfasst die Entleerung des Schmutzwassers, chemisches WC und das Auffüllen von Frischwasser.

Schwimmbad im Camping Belsito

Geheimtipp hinter mächtigen Mauern

Die Villa Torrigiani di Camigliano, zehn Kilometer von Lucca entfernt

4

Lucca ist weniger bekannt und überlaufen als die berühmten benachbarten Kunst- und Touristenorte und doch eine der reizvollsten Städte der Toskana. Der stimmungsvollen Atmosphäre hinter den mittelalterlichen Stadtmauern kann sich kaum jemand entziehen. Hinzu kommen herrliche Kunstwerke und historische Baudenkmäler, Festivals und Ausstellungen, die ihresgleichen suchen.

Nachdem bereits die Etrusker ihre Spuren hier hinterlassen haben, gründeten die Römer Lucca 180 v. Chr. als Kolonie. Zu Zeiten der Langobarden saß ein Markgraf in der Stadt auf dem Thron. Danach wurde Lucca eine Stadtrepublik. Im 13. und 14. Jahrhundert erlebte die Stadt durch die Textilindustrie ihren Höhepunkt. Die Farbenpracht der hier produzierten Seide gilt als einzigartig. In der Folge stieg Lucca zu einer der einflussreichsten Städte Europas auf. Es folgte eine wechselvolle Geschichte mit Herzogtum und Lucchesischer Republik - bis zur Einigung Italiens im Jahr 1860.

WEHRHAFTE ALTSTADT

Beginnen wir unsere Besichtigungstour auf den Stadtmauern: Im 15. Jahrhundert erbaut, wurden sie im 18. Jahrhundert zu einem herrlichen Stadtpark und zu einer grünen Oase umgewidmet, die die Stadt wie ein Ring umgibt. Die acht Meter breiten Mauern sind das Wahrzeichen von Lucca - und in ihrer ungebrochenen Wehrhaftigkeit wohl weltweit einzigartig. Die vier Kilometer lange grüne Erholungszone nutzen die Bürger von Lucca ausgiebig für ihre Freizeitgestaltung.

Von der Stadtmauer aus hat man auch den besten Ausblick auf die Häuser des historischen Zentrums. Das rechteckige Straßennetz zeigt noch heute die klassische römische Stadtplanung. »Stadt der hundert Kirchen« wird Lucca oft genannt, prägt doch sein Stadtbild eine wahrlich unübersehbare Anzahl von Kirchen und religiösen Einrichtungen. Darüber hinaus hat jeder größere Palast seine Privatkapelle aufzuweisen - da kommt einiges zusammen.

TORRE GUINIGI UND TORRE DELLE ORE

Zwei Türme, die alle anderen überragen, stechen in der Altstadt besonders hervor. Die 45 Meter hohe berühmte Torre Guinigi wurde um 1390 von der

4

einflussreichen Familie Guinigi aus roten Tonziegeln erbaut. Ihr Wahrzeichen sind die sieben Steineichen auf dem Dach. Das Viertel längs der Via Guinigi zählt zu den ältesten und beeindruckendsten mittelalterlichen Quartieren der Stadt. Seit dem 13. Jahrhundert reihen sich hier die Palazzi von Luccas reichen Kaufmannsfamilien und bilden eine architektonisch kompakte romanisch-gotische Einheit. In einem der Palazzi der Familie Guinigi präsentiert das **Museo Nazionale** wertvolle Exponate aus Luccas Geschichte von der Etruskerzeit bis zum 18. Jahrhundert.
Gleich in der Nähe zweigt die Via Fillungo ab. Die einstige römische Hauptverkehrsader durch die Stadt ist heute eine belebte Geschäftsstraße. Sie wurde nach der reichen Adelsfamilie Fillungo benannt, die hier ihren Stadtsitz errichtete. Bei einem Bummel durch die Straße muss man aufpassen, dass man nicht an der Torre delle Ore vorbeiläuft. Der zwischen den Palazzi eingezwängte »Stundenturm« ist der höchste der Stadt und trägt seit 1390 eine Uhr. 207 Stufen führen hinauf zum Glockengehäuse, wo man neben einem herrlichen Stadtrundblick auch das vom Genfer Uhrmacher Louis Simon 1752 eingebaute, handbetriebene mechanische Uhrwerk bewundern kann.

LA BOUTIQUE DEI GOLOSI. Kleiner Spezialitätenladen mit großer Auswahl an verschiedenen toskanischen Köstlichkeiten. Via San Paolino 80, laboutiquedeigolosi.it
ENOTECA VANNI. Große Auswahl an Weinen aus der Toskana, kompetente Beratung und anständige Preise. Piazza San Salvatore 7, Tel. +39 0583/49 19 02, enotecavanni.it
ANTIQUITÄTENMARKT. Auf der Piazza San Martino findet jedes dritte Wochenende im Monat ein großer Antiquitätenmarkt statt.

DER DOM VON LUCCA

Der Legende zufolge legte der heilige Frediano im 6. Jahrhundert den Grundstein für die **Kathedrale San Martino**. Bischof Anselmo da Baggio, der spätere Papst Alexander II., zeichnete 1060 für den Neubau des grandiosen Werkes verantwortlich. Ein dreiarkadiger, tiefer Portikus gliedert die aus weißem und schwarzem Marmor errichtete Fassade. Die rechte Arkade ist etwas schmäler. Darüber reihen sich auf drei Ebenen kleine und

Ausblick von der Stadtmauer auf das historische Zentrum von Lucca

elegante Bögen mit kunstvoll verzierten Säulen und Einlegearbeiten. In der westlichen Vorhalle ist ein Fingerlabyrinth aus dem 12. Jahrhundert senkrecht in die Wand gemeißelt. Die Gestaltung des Flachreliefs ist identisch mit dem Labyrinth in der Kathedrale von Chartres. Der von Zinnen bekrönte, wuchtige Turm aus dem 13. Jahrhundert bringt die Harmonie und Eleganz der Fassade etwas ins Wanken.
Der dreischiffige gotische Innenraum beeindruckt mit meisterhaft dekorierten Arkaden. Zahlreiche Kunstwerke schmücken die Seitenschiffe: der marmorne Sarkophag von Ilaria del Carretto, ein Werk von Jacopo della Quercia aus dem Jahr 1408, am Altar die einzigartige Darstellung der »Madonna col Bambino« von Domenico Ghirlandaio und gleich in der Kapelle daneben der monumentale Altar von Matteo Civitali. Im Zentrum des Hauptschiffes steht der achteckige Tempietto del Volto Santo von Matteo Civitali. Das hölzerne Kreuz Volto Santo, das »Heilige Antlitz«, schnitzte der Legende nach der Pharisäer Nikodemus.
Von den kirchlichen Bauwerken seien neben vielen anderen noch die zentral gelegene Chiesa di San Michele in Foro aus dem 12. Jahrhundert, die Basilika di San Frediano mit nobler Fassade und streng gehaltenem Innenraum sowie die alte Kathedrale der Heiligen Giovanni und Reparata erwähnt.

Abendstimmung auf der Piazza del Giglio mit gleichnamigem Theater

Tipp

Im Museo della Cattedrale di Lucca (Dommuseum) gegenüber der Kathedrale sind weitere Kunstwerke und Gegenstände aus der Kirche ausgestellt, darunter der Schatz des Volto Santo, kostbare liturgische Messgewänder, alte illuminierte Handschriften oder die Statue des Apostels Johannes aus dem 15. Jahrhundert.

OSTERIA DAL MANZO. Traditionsreiches Lokal im Zentrum von Lucca mit herzlicher Gastfreundschaft und innovativer Küchentradition. Via Battisti 28, Tel. +39 0583/49 06 49, osteria-dal-manzo.business.site

RISTORANTE IL MECENATE. Regionale Küche mit regionalen Produkten, schmackhaft und authentisch. Via del Fosso 94, Tel. +39 0583/51 18 61, ristorantemecenate.it

LOCANDA BUATINO. Außerhalb der Stadtmauern, gutes Essen, aufmerksamer Service und gutes Weinangebot aus der Region. Via Borgo Giannotti 508, Tel. +39 0583/34 32 07, locandabuatino.it

DURCH DIE ALTSTADT

Nun ist Zeit für eine Kaffeepause an der idyllisch gelegenen Piazza dell'Anfiteatro, die auf den Ruinen des antiken Forum Romanum erbaut wurde. Der ovale Platz ist von dicht gedrängten Wohn- und Geschäftshäusern gesäumt und durch vier Tore zu erreichen.

Auf dem weiteren Weg durch die Altstadt stößt man unweigerlich auf die elegante Piazza Napoleone, die die Einheimischen »Piazza Grande« nennen. Auf dem Platz, der im 18. Jahrhundert im Auftrag von Elisa Bonaparte

Baciocchi zu Ehren ihres Bruders Napoleon nach Pariser Vorbildern umgebaut wurde, spielt sich seit Menschengedenken das politische Leben der Stadt ab. Der Herzogspalast aus dem 16. Jahrhundert ist heute Sitz der Provinzregierung. Sehenswert ist zudem das **Nationalmuseum im Palazzo Mansi** aus dem 16. Jahrhundert.
Lucca ist heute eine Stadt der internationalen Festivals und großen Ausstellungen. Und hier lebt die Musik: **Giacomo Puccini**, einer der berühmtesten Komponisten Italiens, ist 1858 an der Corte San Lorenzo geboren. Sein Geburtshaus ist seit Kurzem ein Museum.

DAS MUSEO NAZIONALE DEL FUMETTO E DELL'IMMAGINE (MUF) in einer ehemaligen Kaserne an der Piazza San Romano lädt das ganze Jahr über ein: Es zeigt die Geschichte des Comic anhand von Originalzeichnungen, Postern, lebensgroßen Figuren und virtuellen Szenenbildern aus der Welt von Walt Disney, Tarzan, Batman, Science-Fiction und Co.

Tipp

Ende Oktober, Anfang November treffen sich in Lucca alljährlich Künstler aus aller Welt zum internationalen Lucca Comic&Games-Festival. Comics, Animation, Spiele, Filme, Musik und Cosplay stehen rund um die Uhr im Mittelpunkt des Interesses der durchschnittlich über 150.000 Besucher (luccacomicsandgames.com).

◀ Kathedrale San Martino ▶ Auf der Passeggiata sulle Mura, der Stadtmauer

4

Das Sommer-Jazzfestival auf der Piazza Napoleone wiederum taucht Lucca alljährlich im Juli in eine große Klangwolke.
Und von Ende November bis Mitte Dezember schließlich lädt Lucca zum renommierten Digital-Photo-Festival rund um Fotografie und Fotokunst.

DIE VILLEN VON LUCCA

Die reichen Handelsfamilien aus Lucca errichteten zwischen dem 15. und 19. Jahrhundert im ländlichen Umfeld der Stadt an die 350 prachtvolle Villen und Paläste als Sommerresidenzen – sie wussten, wo es sich am besten leben und feiern lässt. Die Villen Mansi, Reale, Torrigiani, Grabau und wie sie alle heißen zählen mit ihren grandiosen Gartenanlagen zu den sehenswertesten Baudenkmälern Italiens.
Die meisten der berühmten Villen von Lucca liegen in den Hügeln im Nordosten der Stadt. Hierher führt in Richtung Abetone die Via delle Ville, die »Villenstraße«. Die Villa Reale, die Villa Grabau und die Villa Oliva Buonvisi liegen nur einige Hundert Meter voneinander entfernt. Die Villa Mansi befindet sich in Segromigno Monte, die Villa Torrigiani im Nachbarort Camigliano. Auf der anderen Seite von Lucca, in Richtung Pisa, findet sich in Vicopelago das grüne Freilichttheater Teatro di Verzura der Spätrenaissance-Villa Bernardini.

Abends wird es auf der idyllisch gelegenen Piazza dell'Anfiteatro lebendig.

AUF EINEN BLICK

Info

STADT/REGION: Lucca
BESTE REISEZEIT: ganzjährig
OPTIMALE REISEDAUER: 2–3 Tage
TOURISTINFOS: Ufficio del Turismo Lucca A.P.T. Lucca, Vecchia Porta San Donato – Piazzale Verdi, Lucca, Tel. +39 0583/58 31 50, turismo.lucca.it
Azienda di Promozione Turistica di Lucca, Piazza Guidiccioni 2, Lucca, Tel. +39 0583/919 91, turismo.lucca.it

NICHT VERSÄUMEN

STADTMAUERN: muraditutti.it
TORRE GUINIGI: Via Sant'Andrea 45, Lucca, Tel. +39 0583/480 90, openlucca.it/torre-guinigi
TORRE DELLE ORE: Via Fillungo/Ecke Via dell'Arancio, Lucca, Tel. +39 0583/58 30 86, turismo.lucca.it/en/torre-delle-ore
KATHEDRALE SAN MARTINO: Piazza Antelminelli, Lucca, museocattedralelucca.it
MUSEO DELLA CATTEDRALE: Piazza Antelminelli 5, Lucca, museocattedralelucca.it
MUSEO NAZIONALE DI PALAZZO MANSI: Via Galli Tassi 43, Lucca, Tel. +39 0583/555 70, luccamuseinazionali.it
GIACOMO PUCCINI MUSEUM: Corte San Lorenzo 9, Lucca, Tel. +39 0583/58 40 28, puccinimuseum.org
MUSEO NAZIONALE DEL FUMETTO E DELL'IMMAGINE: Piazza San Romano 4, Lucca, Tel. +39 0583/563 26, fumettologica.it
VILLEN VON LUCCA: villeepalazzilucchesi.it, villelucchesi.net

PARCHEGGIO CAMPER LUPORINI LUCCA

ADRESSE: Via Gaetano Luporini 777, Lucca, Tel. +39 0583/919 91, luccaturismo.it
GPS: 43.84037, 10.48839
Gebührenpflichtiger Stellplatz für 30 Mobile. Das Zentrum ist zu Fuß erreichbar. Bezahlung via Parkscheinautomat. Wasser, Entsorgung Grauwasser im Übernachtungspreis enthalten. Ganzjährig nutzbar.

GARFAGNANA & CARRARA

Wanderparadies und weisser Marmor

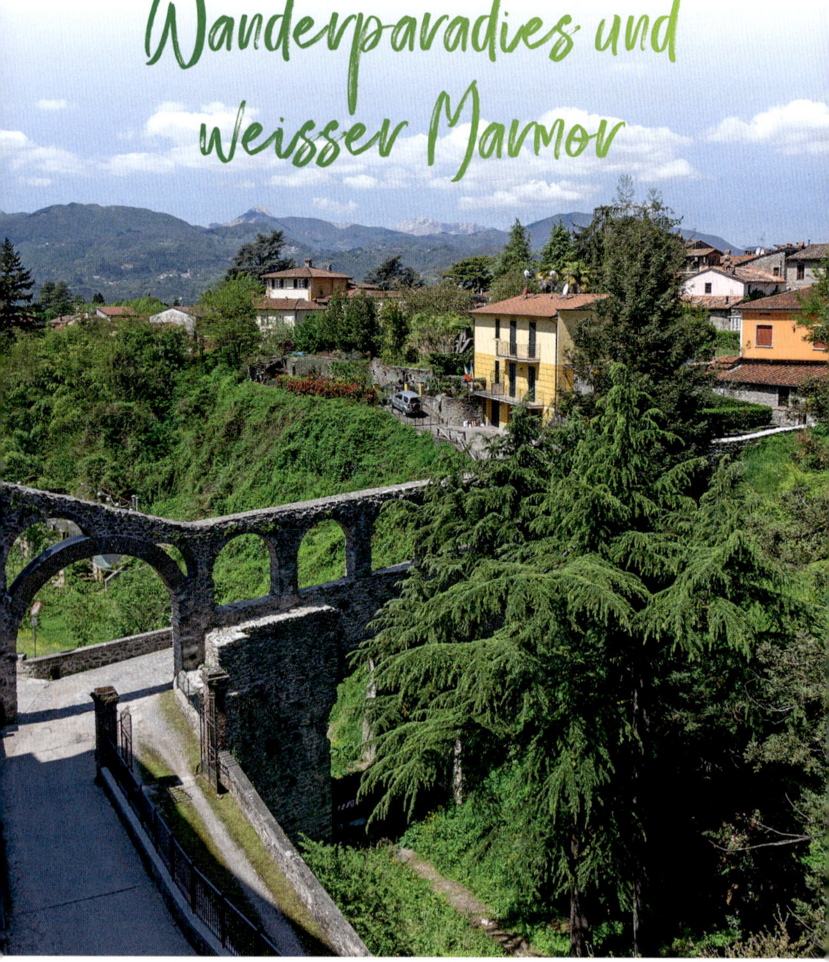

Römisches Aquädukt in Barga in der Garfagnana

5

Die grüne Gebirgslandschaft Garfagnana liegt zwischen den Apuanischen Alpen im Westen und dem Apennin im Osten. Von Lucca aus erreicht man sie am bequemsten durch das Tal des Serchio. Eine kurvenreiche Straße führt dort auf das Hochplateau und grüne Wanderparadies rund um Castelnuovo della Garfagnana. Die Grotta del Vento, die »Höhle des Windes«, ist ein Muss für alle Höhlenbegeisterten und Abenteuerlustigen.

Garfagnana bedeutet ursprünglich »großer Wald«. Die bis vor wenigen Jahrzehnten abgeschiedene Landschaft hat ihre Identität in vielen Bereichen bewahrt und lebt noch heute ihre Geschichte. Zum Teil wild und unberührt, mit verzweigten Tälern und vielen kleinen Weilern, schroffen Schluchten und endlosen Buchen- und Kastanienwäldern, mit steil aufragenden Gipfeln und hügeligen Grasflächen, ist in diesem noch ziemlich unbekannten Teil der Toskana für Abwechslung gesorgt.
Die Garfagnana verführt mit zahlreichen versteckten kunsthistorischen Kleinoden, mit romanischen Kirchen, mittelalterlichen Burgen und romantischen Bergdörfern, mit ihren Traditionen und gelebtem Brauchtum sowie nicht zuletzt mit ihren kulinarischen Spezialitäten – darunter allein 80 verschiedene Kastaniensorten, Dinkelmehl und *accasciato*, dem typischen Käse der Gegend. Vor allem lockt die Garfagnana aber als einzigartiges Naturparadies. In Naturparks und auf Wanderwegen, in Höhlen und an Gebirgsseen, beim Canyoning und Wassersport kann man hier die Natur hautnah erleben.

Tipp

Gut ausgeschilderte Wanderwege führen durch das gesamte Landschaftsgebiet. Von der leichten Kulturwanderung von Weiler zu Weiler oder von Burg zu Burg bis zu ausgedehnten Trekking- und Klettertouren eröffnet sich eine große Vielfalt an Möglichkeiten. Interessante Wanderungen und Ausflüge bieten beispielsweise die qualifizierten Führer von Garfagnana Guide (garfagnanaguide.it). In Bracciacorti in Pieve Fosciana wiederum kommen vor allem die Golfer auf ihre Rechnung. Und in einigen Agriturismi bietet sich die Möglichkeit zu Ausritten in die Umgebung.

5

NATURPARK DELL'ORECCHIELLA

Das grüne Herz der Garfagnana ist der Parco dell'Orecchiella nördlich von Castelnuovo auf der Seite des Apennins. Hier sagen sich Wolf und Hirsch, aber auch Mufflon und Wildschwein gute Nacht. Am einfachsten erreicht man den Park von Villa Collemandina aus über eine Panoramastraße mit herrlichem Ausblick. Am Besucherzentrum beginnt eine Vielfalt an Wanderwegen und Besichtigungstouren, beispielsweise zum Garten der Bergblumen, auf dem Weg der Quellen, auf dem Tierpfad oder die Wanderung auf den Monte Orecchiella.

BONINI. Moderne Osteria mit innovativ interpretierter Küchentradition in einem historischen Gasthaus. Strada Provinciale per Monteperpoli 147, Castelnuovo di Garfagnana, Tel. +39 0583/63 94 25

IL VECCHIO MULINO. In diesem einladenden Lokal kommen die frischen Produkte der Gegend schmackhaft zubereitet auf den Tisch. Via Vittorio Emanuele 12, Castelnuovo di Garfagnana, Tel. +39 0583/621 92

L'OSTERIA BARGA. Gemütliches Ambiente, authentische Speisen, gute lokale Weinauswahl und freundliches Personal. Piazza Angelio 13–15, Barga, Tel. +39/335/538 71 13, losteriabarga.com

DIE HÖHLE DES WINDES

Bizarre Stalagmiten und Stalaktiten, vielfarbige Sinterkaskaden und Alabastervorhänge, kleine, mit Kalzitkristallen verkrustete Seen, unterirdische Wasserläufe und beeindruckende Erosionsformen – die Grotta del Vento in der Garfagnana lädt in eine faszinierende unterirdische Welt der Tropfsteine.

Wir erreichen die Grotta del Vento im Naturpark der Apuanischen Alpen von Lucca aus über Gallicano durch die atemberaubende Gallicano-Schlucht. Der Eingang zur Höhle befindet sich auf 642 Meter Meereshöhe. Ihre obere Einmündung liegt dagegen auf über 1400 Metern auf der gegenüberliegenden Bergseite. Ein 800 Meter hoher Luftschacht sorgt für den Temperaturausgleich – die Höhlentemperatur beträgt das ganze Jahr über gleichbleibend etwa 10,7 Grad. Öffnet der Führer das Eisentor

Jahrtausendealte Stalaktiten in der Grotta del Vento

zum Eingang der Grotte, so bläst den Besuchern aufgrund der Luftströme und der Unterschiede zwischen Innen- und Außentemperatur ein starker, kühler Wind entgegen: Er hat der Höhle ihren Namen gegeben.
Bis ins 18. Jahrhundert benutzten die Einwohner von Fornovalesco und Trimpello den Eingangsbereich der Höhle als natürlichen Kühlschrank für ihre Lebensmittel. 1932 wurde die 4570 Meter tiefe Tropfsteinhöhle erstmals gründlicher erforscht. Gar manche Abzweigungen, Stollen und Steilschächte gilt es aber noch zu entdecken.

Tipp

Drei Besichtigungstouren werden – mit wenigen Ausnahmen – ganzjährig angeboten. Der erste, einfach begehbare und einen knappen Kilometer lange Rundgang dauert circa eine Stunde und bietet einen ersten Einblick in die faszinierende unterirdische Welt. Rundgang Nummer zwei dauert zwei Stunden. Er führt auf gut beleuchteten Wegen weiter hinein in den Berg, zu unterirdischen Flüsschen und vom Wasser glatt geschliffenen Höhlen. Der dritte Rundgang ist am anspruchsvollsten: Auf dem dreistündigen, mehrere Kilometer langen Weg gilt es über 1200 Stufen zu bewältigen. Er führt vorbei an senkrechten Schächten, über den Abgrund einer tiefen Schlucht, zu atemberaubenden Ansichten … ein Abenteuer und Höhlenerlebnis pur.

Die imposante Steinbogenbrücke Ponte della Maddalena

Übrigens: Sehenswert sind auch die noch weniger bekannten und nicht weit entfernt gelegenen Grotte dell'Antro del Corchia in Levigliani di Stazzema (antrocorchia.it).

CASTELNUOVO DI GARFAGNANA. Obst- und Gemüsemarkt jeden Dienstag/Donnerstag/Samstag von 7–12 Uhr in der Via della Centrale. Jedes erste Wochenende im Monat Bauernmarkt mit Produkten aus der Region im Loggiato Porta Mercato Contadino.
ANTICA MACELLERIA NUTINI. Traditionsreiche Metzgerei mit angeschlossener Osteria. Via Porrina 2, Piano di Coreglia, Tel. +39 0583/771 06

PONTE DELLA MADDALENA

Der Ponte della Maddalena, auch bekannt als Ponte del Diavolo, ist eine imposante Steinbogenbrücke, welche die beiden Ufer des Flusses Serchio im Dorf Borgo a Mozzano verbindet. Der Bau geht auf die Zeit der Gräfin Matilde di Canossa (1046–1115) zurück, die großen Einfluss und Macht über die Garfagnana hatte. Sein heutiges Aussehen ist auf den Wiederaufbau von Castruccio Castracani (1281–1328), Führer und Herr des nahe gelegenen Lucca, im frühen 13. Jahrhundert zurückzuführen.

5

CARRARA - HAUPTSTADT DES MARMORS

Hundert Meter über dem Meer liegt das historische Carrara am Fuß der Apuanischen Alpen geschützt an den Ufern des Flusses Carrione. Von dort führt die Viale XX Settembre in einer kilometerlangen Geraden hinunter ans Meer bis nach Marina di Carrara, das sich mittlerweile nahtlos an Carrara anschließt.

Ein zwangloser Spaziergang durch die Altstadt wird zum Erlebnis. Von der zentralen Piazza Matteotti führt der Weg über die Via Roma zur **Accademia delle Belle Arti**. Elisa Baciocchi Buonaparte, Napoleons älteste Schwester, hat hier im ehemaligen Palazzo Malaspini der Herren von Carrara die 1769 gegründete Bildhauerschule in einem würdevollen Rahmen untergebracht. Über die Via Santa Maria, eine der ältesten und charakteristischsten Straßen der Stadt, spazieren wir weiter zum **Duomo di Sant'Andrea** aus dem 11. bis 13. Jahrhundert. Zur Gänze mit Marmor verkleidet, romanisch im unteren Teil und gotisch im restlichen, fasziniert seine vordere Fassade mit einer herrlichen, aus Marmor gehauenen Rosette. Schlicht und doch beeindruckend monumental präsentiert sich der Innenraum. Im nahen historischen Ortskern liegt die noble **Piazza Alberica**.

DER STEINBRUCH

Der Marmor aus Carrara entstand vor 30 Millionen Jahren bei der Bildung der Apuanischen Alpen und zählt seit vielen Jahrhunderten zu den bekanntesten und gefragtesten der Welt. Bereits die Römer bauten hier in der Gegend Marmor ab. Sie gründeten etwas nordöstlich 177 v. Chr. die Stadt Luni. Carrara selbst - der Name ist keltischen Ursprungs und bedeutet so viel wie »Steinbruch« - wurde erstmals 963 als *curtis de Cararia* erwähnt. Seit dem 12. Jahrhundert gibt es Belege für den Marmorabbau in Carrara selbst. Ihren Höhepunkt erlebte die Marmorwirtschaft im 18. und 19. Jahrhundert: Bis zu 10.000 Arbeiter schufteten in jener Zeit unter härtesten Bedingungen in den Steinbrüchen, und Carrara wurde zu einem führenden Zentrum der Marmorverarbeitung. 1815 konstruierte Giuseppe Perugi die erste wasserbetriebene Steinsäge für Naturstein, 1895 wurde hier die erste mit einem Dieselmotor betriebene Seilsäge mit Spiraldraht entwickelt. Die erste Marmor-Eisenbahn zu den Steinbrüchen wurde 1876 von einem Belgier gebaut.

5

Die wirtschaftliche Krise während der beiden Weltkriege konnte die Stadt durch den anschließenden weltweiten Bauboom wieder überwinden. An ihre alten Glanzzeiten konnte sie jedoch nicht mehr anschließen.

EINEN BESUCH LOHNT das Marmormuseum in der Viale XX Settembre, wo alle Aspekte der Marmorgewinnung und -verarbeitung anschaulich dargestellt werden.

NATUR UND KULTUR

Rund 400 Quadratkilometer bedecken die Alpi Apuane – die Apuanischen Alpen – zwischen La Spezia und Lucca. Im nordwestlichsten Zipfel der Toskana verlaufen sie parallel zur Küste des Ligurischen Meeres, wo die mondänen Ferienorte an der Riviera Versilia liegen. Mit ihren teils schroffen Gipfeln, die am 1947 Meter hohen Monte Pisanino ihren höchsten Punkt erreichen, bilden die Apuanischen Alpen eine majestätische Kulisse. Hier kann man auf Schritt und Tritt Spuren einer jahrtausendealten Geschichte und Kultur entdecken. Gute Verbindungsstraßen bringen den Besucher schnell von der Küste mitten hinein in die vielfältige Fauna und Flora. Die Grotten und Tropfsteinhöhlen unter anderem in Fornovalesco, Antro del Corchia und Equi Terme, beeindruckende Canyons und Dolinen, Karstgebilde und Schluchten zählen zu den interessantesten in ganz Europa. Erkunden lässt sich die Region beispielsweise im Rahmen der zahlreichen Angebote des 1985 gegründeten Naturparks Alpi Apuane.

◀ Der Marmorsteinbruch von Carrara ▶ Ein Steinmetz bei der Arbeit

AUF EINEN BLICK

Info

STADT/REGION: Garfagnana, Castelnuovo di Garfagnana, Carrara, Apuanische Alpen
BESTE REISEZEIT: März–Oktober
OPTIMALE REISEDAUER: 2–3 Tage
TOURISTINFO: Tourist Information Office – Garfagnana Turismo, Piazza delle Erbe 1, Castelnuovo di Garfagnana, Tel. +39 0583/651 69, turismo.garfagnana.eu
Ufficio Informazioni Turistiche di Carrara, Viale X Settembre, Carrara, Tel. +39 0585/84 41 36, aptmassacarrara.it

NICHT VERSÄUMEN

PARCO DELL'ORECCHIELLA: Località Pian di Lucca, Castelnuovo di Garfagnana, Tel. +39 0583/95 55 25, orecchiella.com
GROTTA DEL VENTO: Grotta del Vento 1, Fornovolasco, Tel. +39 0583/72 20 24, grottadelvento.com
CASTELNUOVO DI GARFAGNANA: Via della Centrale, Garfagnana
PONTE DELLA MADDALENA: Borgo a Mozzano
MUSEO CIVICO DEL MARMO: Via XX Settembre 85, Località Stadio, Carrara, Tel. +39 0585/84 57 46, cavamuseo.com

CAMPING LAGO APUANE

ADRESSE: Foresto di Gorfigliano, Minucciano, Tel. +39 0583/180 73 64, campinglagoapuane.com
GPS: 44.18370, 10.24507
Kleiner Familiencamping, mitten in der Natur am Ufer des Lago Gramolazzo. Idealer Ausgangspunkt für Wanderungen und Ausflüge in der Garfagnana.

Camping Lago Apuane

AREA CAMPER FIVIZZANO

ADRESSE: Via della Stazione, Fivizzano, Tel. +39 0585/94 21 28, comune.fivizzano.ms.it
GPS: 44.16935, 10.15286
Gebührenpflichtiger Stellplatz für 25 Mobile in Equi Terme. In der Nähe: Terme Grotte di Equi Terme, geöffnet von März bis September.

RIVIERA DELLA VERSILIA

Breite Sandstrände und lange Nächte

Einladende Riviera della Versilia in Forte dei Marmi

6

Knapp 20 Kilometer zieht sich die klassische Riviera della Versilia am Tyrrhenischen Meer im Nordwesten der Toskana hin. Von Torre del Lago Puccini bei Viareggio im Süden bis nach Marina di Massa im Norden erstrecken sich ohne Unterbrechung breite Sandstrände, reihen sich Strandbäder aneinander und tummeln sich Prominente im berühmten heißen Nachtleben. Ohne Zweifel gehört die Versilia zu Italiens Vorzeigeküsten.

Direkt am Strand entlang führt der Viale Litoraneo von Viareggio nach Forte dei Marmi. Den Übergang von einer Touristenhochburg zur nächsten merkt man nur an den Ortsschildern. Ansonsten ist der Küstenstreifen nahtlos mit Privatvillen, Hotels, Strandbädern, Vergnügungsparks, Bars und Restaurants verbaut.

ELEGANTES VIAREGGIO

Beginnen wir unsere Reise durch die Riviera della Versilia ganz im Süden, wo Viareggio seinen unverkennbaren Charme verströmt. Gebaut wurde die Stadt mit heute 65.000 Einwohnern mit einem klaren, vordergründigen Ziel: als mondänes Erholungs-, Urlaubs- und Vergnügungszentrum. Das Leben spielt sich hier am Lungomare ab, an der knapp drei Kilometer langen, grandiosen Strandpromenade. Ein Strandpavillon reiht sich an den anderen, eine Villa an die nächste. Jugendstil und Klassizismus prägen in den meisten Fällen das Bild. Besonders sehenswert sind das 1920 im Stil der Neorenaissance erbaute **Supercinema** mit Keramikdekorationen von Galileo Chini, das aus Holz gebaute **Chalet Martini**, das als einziges den großen Brand von 1917 überlebt hat, das **Gran Caffè Margherita** von 1929, das **Bagno Balena** im charakteristischen Art-déco-Stil und viele mehr.

Tipp

Bekannt ist Viareggio für seine historischen Karnevalsfeiern, die auf das Jahr 1873 zurückgehen. Die ausgelassenen und grandiosen Umzüge, an denen die ganze Stadt enthusiastisch mitwirkt, gehören neben jenen in Rio de Janeiro zu den größten der Welt. Damit es aber nicht nur einmal im Jahr etwas zu feiern gibt, hat Viareggio gleich auch noch einen Sommerkarneval ins Leben gerufen.

6

EIN BELIEBTES AUSFLUGSZIEL an der Riviera della Versilia ist Torre del Lago Puccini, einige Kilometer südlich von Viareggio. In dem Ort baute sich einst der Komponist Giacomo Puccini (1858–1924) eine Villa, in der er einen Teil seines Lebens verbrachte. Torre liegt am malerischen Lago di Massaciùccoli, einem kleinen Naturparadies mit weißen Pappeln und Eukalyptusbäumen. Der See ist Überbleibsel der großen Lagune, die bis ins Mittelalter den Hafen von Pisa bildete.

1930 fand auf einer Seebühne das erste Puccini-Festival statt. Heute lockt das Festival dank seiner beeindruckenden Szenerie jährlich Tausende von Opernliebhabern aus aller Welt an. Das Museo Villa Puccini kann ganzjährig besichtigt werden.

CAMAIORE UND SEIN LIDO

Der Fosso dell'Abate bildet die Grenze zwischen Viareggio und Camaiore. Der Lido di Camaiore reiht sich mit seinen zahlreichen grünen Parkanlagen, Villen, Hotels und Badeeinrichtungen nahtlos in die Riviera della Versilia ein. Das Städchen Camaiore selbst liegt zwischen Obstplantagen und Gemüsefeldern im Hinterland, durch sanfte Hügel vom Meer geschützt. Hier ließen sich bereits im 8. Jahrhundert Benediktinermönche nieder. Sie gründeten das Kloster San Pietro und werteten die Landwirtschaft auf. 1255 erhielt die Stadt ihre Stadtmauern und Befestigungsanlagen. Die **Pfarrkirche** aus dem Jahr 1278 überzeugt mit ihrer klaren, romanischen Prägung. Im **Palazzo Tori-Massoni** residiert ein städtisches archäologisches Museum.

DAS KULTURELLE ZENTRUM

Vorbei an Le Forcette mit der berühmten Diskothek Bussola kommen wir nach Marina di Pietrasanta. Im Ortsteil Fiumetto ist der 80 Hektar große **Parco della Versilia** mit alten Baumbeständen und mediterranem Buschwald ein wertvolles Überbleibsel der antiken Macchia Marina. Im einmaligen Ambiente der 1886 von Renato Fucini erbauten Villa La Versiliana findet jeden Sommer das Festival La Versiliana mit Theateraufführungen, Lesungen und Ausstellungen statt.

◀ San Giovanni Felicità ▶ Die Altstadt von Pietrasanta

Pietrasanta ist das kulturelle Zentrum der Versilia. In den nahe gelegenen Steinbrüchen arbeiteten schon im Mittelalter Brunelleschi und Donatello, später Michelangelo, und begründeten die handwerkliche und künstlerische Tradition. Die Stadt selbst wurde von Luccas Stadtvorsteher Guiscardo Pietrasanta 1255 zu Verteidigungszwecken gegründet und präsentiert sich noch heute in mittelalterlichem Kleid: mit intakter Stadtmauer aus dem 14. Jahrhundert, Stadttoren und der Rocca di Sala am oberen, spitz zulaufenden Ende der Stadt. Durch die Porta Pisana, mit den Resten der Rocca Arrighina zur Linken, kommen wir gleich auf den weit auslaufenden, unregelmäßigen Domplatz. Zu sehen sind hier der Dom zum heiligen Martin mit rotem Kirchturm und Baptisterium, der Uhrturm, der Palazzo Moroni aus dem 15. Jahrhundert, heute Sitz des örtlichen Archäologiemuseums, die ehemalige Kirche San Agostino, deren angeschlossenes sehenswertes Museo dei Bozzetti und das Denkmal für Leopold II., Großherzog der Toskana und Erzherzog von Österreich.

Riviera della Versiglia – breite Sandstrände ohne Unterbrechung

FORTE DEI MARMI

Forte dei Marmi ist die touristische Hochburg und das mondäne Zentrum der Riviera della Versilia. Entstanden ist der Ort rund um den weit ins Meer hinaus gebauten **Pontile** aus dem 15. Jahrhundert. Am Landungssteg wird der Marmor aus der Umgebung verladen. Ab 1788 wird der Hafen durch das **Forte dei Marmi** geschützt, das unter Großherzog Leopold I. erbaut wird. Die kleine Festung steht an der zentralen Piazza Garibaldi. Adelige aus halb Europa, Diplomaten und Wirtschaftskapitäne, Künstler und Prominente bauten im Lauf der Jahrhunderte in den großzügig angelegten Parkanlagen ihre Villen und Ferienhäuser. Am Rande von Forte dei Marmi liegt die wunderschön angelegte **Gartenstadt Vittoria Apuana**.

MARINA DI MASSA UND MARINA DI CARRARA

Marina di Massa und Marina di Carrara sind die nördlichsten Badeorte der toskanischen Riviera vor dem Übergang nach Ligurien und gehen heute städtebaulich ineinander über. Im Mittelalter wurde Massa wegen seiner herrlichen, mit Sgraffiti verzierten Paläste *città picta* – »bemalte Stadt« – genannt. In seinem Zentrum duften Orangenbäume auf der Piazza degli Aranci, die von Napoleons Schwester, Großherzogin Elisa Baciocchi, neu gestaltet wurde. Der **Palazzo Cybo Malaspina** aus dem 17. Jahrhundert krönt den Platz an seiner Südseite mit seiner wunderschönen Fassade, die in barocker Manier gestaltet und mit Balkonen und Büsten reich verziert ist. Am Ende der Via Dante Alighieri steht die **Kathedrale der Heiligen**

Petrus und Franziskus aus dem 15. Jahrhundert, deren moderne Fassade 1936 gestaltet wurde. Hier liegen die Grabmäler der Cybo Malaspina, der Herzöge von Massa, und die Sakraments-Kapelle schmückt sich mit einem Fresko von Pinturicchio. Das beeindruckende **Castello dei Malaspina** aus dem 15. Jahrhundert thront inmitten der Stadt majestätisch auf einem Hügel am Fluss Frigido.

TRATTORIA PEPOSO. Gemütliches Ambiente, kleine, aber feine Karte, tadellose Küche. Via Arginello 24, Pietrasanta, Tel. +39 0584/79 12 00

TRATTORIA BUONUMORE. Hervorragende Fischküche in locker-unkompliziertem Ambiente. Viale Capponi 1/Ecke Via Marco Polo, Viareggio, Tel. +39 339/692 09 36

HAFENSTADT MIT ATMOSPHÄRE

Livorno ist keine klassische Touristenstadt und fehlt mit Sicherheit auf der Reiseroute der meisten Toskana-Reisenden. Die drittgrößte Stadt der Toskana liegt 20 Kilometer südwestlich von Pisa und besitzt einen der größten und wichtigsten Häfen Italiens. Vom alten Hafen **Porto Mediceo** aus starten täglich die Fähren nach Elba und Sardinien, nach Korsika, Sizilien und Nordafrika.

1017 wurde Livorno erstmals als kleiner Fischerort und als Vorposten zur Verteidigung des Hafens von Pisa erwähnt. Die Florentiner bauten zwischen 1518 und 1534 das Hafenbecken und die Festung **Fortezza Vecchia**. Die Stadt selbst zählte in jenen Jahren nur wenige Hundert Einwohner. Um den wirtschaftlichen Aufschwung zu fördern, plante Großherzog Cosimo I. den Bau einer »idealen Stadt«. Livornos Geburtsstunde schlug 1577 mit der Grundsteinlegung der von Bernardo Buontalenti geplanten Stadt mit geraden Straßen, rechtwinkligen Kreuzungen, einer fünfeckigen Wallanlage mit Wassergräben – und mit Platz für 12.000 Einwohner. Der Dom wurde von 1594 bis 1607 an der heutigen Piazza Grande erbaut.

Eindrucksvoll präsentiert sich die über 500 Meter lange Fortezza Vecchia am Porto Mediceo. Im Mittelpunkt steht der runde Wachturm **Mastio di Matilde**, den Mathilde von Canossa 1077 erbauen ließ. Im 14. Jahrhundert wurde um den Turm die quadratische Bastion Quadratura dei Pisani ange-

6

legt. Später bauten die Florentiner die Festung zu heutiger Größe aus. Die **Fortezza Nuova** ließ Giovanni de' Medici zwischen 1590 und 1594 erbauen. Eine herrliche Parkanlage inmitten der wuchtigen Backsteinbauten bildet heute die einzige größere Grünfläche des Stadtzentrums.
1627 wurde der Stadtteil **Venezia Nuova** nach dem Vorbild von Venedig zwischen der Fortezza Vecchia und der Fortezza Nuova auf dem Wasser errichtet. Mit seinen vielen Kanälen, Brücken, engen Gassen und alten Palästen präsentiert sich Venezia Nuova originell und mit besonderem Flair.

EIN BESUCH im 1893 erbauten Mercato Centrale in Livorno lohnt sich. Der hundert Meter lange Eisen-Glas-Pavillon besticht nicht nur durch seine Architektur, sondern auch durch die vielen typischen Produkte und das lebhafte Treiben in der Markthalle. Wenige Schritte entfernt erstreckt sich an der Piazza XX Settembre der Mercatino Americano, ein aufregender Flohmarkt.

◀ Jugendstil und ... ▲ ... Klassizismus prägen das Bild der Strandvillen in Viareggio
▼ Denkmal für Giacomo Puccini

AUF EINEN BLICK

Info

STADT/REGION: Riviera della Versilia
BESTE REISEZEIT: Mai–Oktober
OPTIMALE REISEDAUER: 3–4 Tage
TOURISTINFO: Info Point Consorzio Promozione Turistica della Versilia, Viale Cristoforo Colombo 127, Camaiore, Tel. +39 0584/61 77 66, inversilia.com, vacanzeinversilia.com

NICHT VERSÄUMEN

VIAREGGIO: comune.viareggio.lu.it
CARNEVALE IN VIAREGGIO: viareggio.ilcarnevale.com
MUSEO VILLA PUCCINI: Via Giacomo Puccini 266, Torre del Lago Puccini, Tel. +39 0584/34 14 45, giacomopuccini.it
PUCCINI-FESTIVAL: In der großen Freiluftarena in Torre del Lago Puccini, puccinifestival.it
CAMAIORE: comune.camaiore.lu.it
PIETRASANTA: comune.pietrasanta.lu.it
PARCO DELLA VERSILIA: Viale Enrico Morin 16, Pietrasanta, versilianafestival.it/il-parco-della-versiliana
FORTE DEI MARMI: comune.fortedeimarmi.lu.it
MARINA DI MASSA UND MARINA DI CARRARA: aptmassacarrara.it
LIVORNO: visit-livorno.it

CAMPING EUROPA

ADRESSE: Viale dei Tigli 51, Torre del Lago Puccini, Tel. +39 0584/35 07 07 oder 35 95 66, europacamp.it/de
GPS: 43.83121, 10.27011

Der Campingplatz Europa befindet sich zwischen einem Naturpark am Meer und dem Naturschutzgebiet rund um den Massaciuccolisee, dem ehemaligen Wohnsitz von Giacomo Puccini. Man kommt vom Platz direkt durch einen Pinienwald zum langen und kostenlosen Sandstrand von Versilia.

Viareggio verströmt unverkennbaren Charme.

PISA

Die schiefe Stadt

Campo dei Miracoli in Pisa: Weltkulturerbe der UNESCO

Nicht nur der spektakuläre Turm steht schief in Pisa, auch eine stattliche Anzahl von Kirchen, Palästen und Türmen hat sich im Lauf der Jahrhunderte leicht geneigt. Die Touristen aus aller Herren Länder haben aber meist nur ein Ziel: den berühmtesten Turm der Welt auf dem Campo dei Miracoli. »Feld der Wunder« heißt Pisas religiöses Zentrum wörtlich übersetzt.

Piazza del Duomo, »Domplatz«, ist die offizielle Bezeichnung für den Campo dei Miracoli. Seit 1987 gehört er zum Weltkulturerbe der UNESCO. Dom, Baptisterium, der Friedhof Camposanto Monumentale und eben der Glockenturm, der »Schiefe Turm von Pisa«, bilden das einheitliche Wunderwerk dieses einzigartigen Platzes. Die Bezeichnung »Campo dei Miracoli« geht auf den großen Dante Alighieri zurück.

Beeindruckend ist die Weite, beinahe wäre man versucht zu sagen, die Leere des Platzes. Beeindruckend ist vor allem aber dieser größte zusammenhängende architektonische Komplex des romanischen Europas, großartig die Harmonie und Übereinstimmung der verschiedenen Baustile, die sich hier im *romanico pisano*, in der Pisaner Romanik, vereinen: Von der Romanik bis zur Gotik finden hier die unterschiedlichsten Elemente ein fruchtbares Miteinander - mit Anleihen aus der lombardischen Bautradition und starken Einflüssen aus der orientalischen Kultur.

DER DOM SANTA MARIA ASSUNTA

Im Zentrum des Domplatzes steht der Dom. 1118 wurde dieses architektonische Meisterwerk zu Ehren der Himmelfahrt Mariä von Papst Gelasius II. geweiht, den Bau begann Buscheto di Giovanni Giudice bereits 1063. Bis ins 14. Jahrhundert dauerten die Bauarbeiten am Dom, der bereits 1595 nach einem verheerenden Brand fast vollständig renoviert werden musste. Ein charakteristisches Element ist die elliptische gotische Kuppel, die 1380 von Lupo di Gante und Puccio di Gadduccio hinzugefügt wurde, meisterhaft die Fassade mit ihren drei kunstvoll gearbeiteten Bronzeportalen von Bonanno Pisano, ihren Loggien, Arkaden und Statuen.

Im riesigen Innenraum mit der imposanten Kassettendecke stechen die Kanzel, zwischen 1302 und 1311 von Giovanni Pisano wundervoll dekoriert, das Grabmal Kaiser Heinrichs VII. und die Urne von Pisas Schutzheiligem

7

Ranieri als besondere Prunkstücke hervor. In der Mitte des Doms hängt **»Galileos Kronleuchter«**. Die Legende, die sich um ihn rankt, ist den Pisanern ans Herz gewachsen: Bei einer Messe ließ sich Galileo Galilei, anstatt der Predigt zu lauschen, vom schwingenden Leuchter ablenken und entwickelte seine Theorien über das Pendel. Schade, dass der Leuchter angeblich erst einige Jahre nach Galileos Entdeckung angebracht wurde.

DER BERÜHMTESTE TURM DER WELT

Der **Glockenturm des Doms** ist das Wahrzeichen Pisas und das definitiv berühmteste schiefe Bauwerk der Welt. 1173 wurde mit den Arbeiten des frei stehenden, 55 Meter hohen Campanile begonnen. Bereits nach Fertigstellung der vierten Ebene um 1185 neigte sich der Turm aufgrund des instabilen Untergrunds des versandeten einstigen Hafenbeckens um 90 Zentimeter. Die Bauarbeiten wurden ein Jahrhundert lang unterbrochen und die restlichen vier Ebenen bewusst schräg konstruiert, um die Schieflage etwas auszubalancieren. Der Turm steht also nicht nur schief, sondern ist auch in sich selbst leicht gebogen. Die Glockenstube wurde erst 1372 vollendet. 1992, die Neigung betrug schon beinahe drei Meter, begann die Stadt mit tiefgreifenden Konsolidierungsarbeiten und schaffte es nach 800 Jahren, die Lage des Turms zu stabilisieren. Seit 2001 können im Rahmen einer Führung die spiralförmig angelegten 294 Stufen des Glockenturms wieder erklommen werden.

DAS GRÖSSTE BAPTISTERIUM

Direkt gegenüber dem Dom steht das Baptisterium. Diese größte Taufkirche der christlichen Welt wurde von Diotisalvi 1152 nach dem Vorbild der Heilig-Grab-Kirche von Jerusalem begonnen und bis 1284 in mehreren Bauperioden errichtet. In der ersten, romanischen Bauphase war sie noch dem Baustil des Doms angepasst, vollendet wurde sie später jedoch im gotischen Stil. Seine charakteristische Segmentkuppel erhielt das Baptisterium im Jahr 1358. Das Innere hat einen Durchmesser von 35,5 Metern und überrascht durch seine verblüffende Akustik. Worte, die auf der einen Seite geflüstert werden, werden auf der anderen Seite problemlos verstanden. Blickfang im Inneren sind die sechseckige Kanzel von Nicola Pisano aus dem Jahr 1260 und das achteckige Taufbecken.

Pisa wird vom Arno in zwei Hälften geteilt.

DER CAMPOSANTO MONUMENTALE

Mit dem Bau des rechteckigen Camposanto, dem »heiligen Feld« hinter dem Dom, wurde 1278 im romanischen Stil begonnen. Abgeschlossen wurden die Arbeiten um 1464 im Stil der Spätgotik mit Elementen aus der Frührenaissance. Innen ist der antike Friedhof wie ein Kreuzgang mit Rundbogenarkaden gestaltet, der einen malerischen Hof umschließt. Als man nach starken Beschädigungen durch Bombardierungen im Zweiten Weltkrieg die wundervollen Fresken restaurierte, kamen einmalige Vorzeichnungen, die sogenannten Sinopien, zum Vorschein. Sie sind heute im angrenzenden **Museo delle Sinopie** ausgestellt. Das berühmteste Werk ist das gigantische Fresko Trionfo della Morte.

EIN GEMEINSCHAFTSTICKET umfasst die Besteigung des Schiefen Turms und den Besuch von Kathedrale, Baptisterium, Camposanto Monumentale, Museo delle Sinopie und Museo dell'Opera del Duomo. Der Glockenturm ist täglich von 8.30 Uhr bis Sonnenuntergang für alle ab acht Jahren geöffnet, im Sommer auch von 20.30 bis 23 Uhr. Eine rechtzeitige Ticketreservierung wird empfohlen (opapisa.it).

DYNAMIK ZWISCHEN ALTEN MAUERN

Pisa wird vom Arno in zwei Hälften geteilt und von vier historischen Stadtvierteln geprägt. Die beiden »Tramontana«-Viertel Santa Maria und San Francesco liegen am rechten nördlichen Ufer, die beiden »Mezzogiorno«-Viertel San Martino und San Antonio am linken Arno-Ufer im Süden.

Die Statue von Cosimo I. vor dem Palazzo dei Cavalieri

Den Mittelpunkt der vier Stadtviertel bildet die zentrale Arno-Brücke Ponte di Mezzo. Die Steinbrücke wurde um 1046 erbaut und war bis 1182 als einziger Übergang über den Arno auch die einzige Verbindung der Stadtteile links und rechts des Flusses. Ihren Namen, »Brücke der Mitte«, verdankt sie ihrer zentralen Lage inmitten der Stadt. Im Zweiten Weltkrieg wurde der Ponte di Mezzo zerstört, danach errichtete man ihn neu und verkleidete ihn mit Marmor. Alljährlich ist die Brücke zudem Schauplatz des wichtigsten historischen Festivals der Stadt, des »Brückenspiels« Gioco del Ponte.

LA GALLINA NERA. Nette Atmosphäre, freundlicher Service, gute Küche, auch mit kleinen Snacks, tolle Weinauswahl. Via Cavour 29/31, Tel. +39 339/769 77 01, gallina-nera-pisa.business.site

TRATTORIA SANT'OMOBONO. In der kleinen, feinen Osteria mit wenigen Tischen kann man typische toskanische Hausmannskost genießen. Piazza Sant'Omobono 6, Tel. +39 050/54 08 47

TRAMONTANA – DIE NÖRDLICHEN STADTVIERTEL

Die belebte Piazza Garibaldi bildet das Zentrum der Stadt und das Tor zum nördlichen Pisa. Seine heutige Gestalt erhielt der Platz im 17. Jahrhundert, als der Palazzo del Casino dei Nobili gebaut wurde. Hier beginnt Pisas Flaniermeile, der enge Borgo Stretto. Mit einladenden Lauben, schönen Geschäften und ehrwürdigen Palazzi aus dem 13. und 14. Jahrhundert gehört er zu den lebendigsten Straßen der Stadt.

Nur einen Katzensprung vom Borgo Stretto entfernt liegt die Piazza dei Cavalieri. Hier, am einstigen weltlichen Zentrum Pisas, zeigt sich die Macht der Medici am eindrucksvollsten. Mit der Gestaltung beauftragte Cosimo I. im 16. Jahrhundert den Stararchitekten seiner Zeit, Giorgio Vasari. Der weite, unregelmäßig angelegte Platz verwandelte das alte Zentrum in einen Vorzeigeplatz für die neue Machtordnung. Aus dem Palazzo degli Anziani del Popolo di Pisa entstand der neue Palazzo dei Cavalieri (oder della Carovana). Die Statue von Cosimo I. vor dem Palast erinnert an den Bauherrn. Mit Blick auf die Vorderfront der Schule sieht man zur rechten Seite die Kirche Santo Stefano dei Cavalieri aus dem 16. Jahrhundert, links den Palazzo dell'Orologio mit dem Uhrturm.

IM QUARTIERE SAN FRANCESCO

Von der Piazza Martiri della Libertà erreicht man drei Kirchen: die Dominikanerkirche Santa Caterina aus dem Jahr 1251 mit sehenswerten Werken von Andrea und Nino Pisano, die romanische Kirche Santa Cecilia, um 1103 von Kamaldolensern gegründet, und San Francesco aus dem 13. Jahrhundert - die von Giovanni di Simone erbaute Kirche gab dem Stadtviertel seinen Namen.

Am äußersten Ende des Stadtviertels steht direkt am Arno der mächtige, 1583 bis 1587 erbaute **Palazzo Reale**. Der Palast diente als Residenz für die Medici, später für die Lothringer und die Savoyer. Im benachbarten Frauenkloster hat das groß angelegte **Nationalmuseum San Matteo** seinen Sitz. Die archäologische Abteilung sowie die zahlreichen Meisterwerke der großen toskanischen und italienischen Künstler sind auf jeden Fall einen Besuch wert. Anschließend spazieren wir am Arnoufer, dem Lungarno Mediceo, zurück zum Ponte di Mezzo und am Lungarno Pacinotti vorbei an kunstvollen Palästen - sei es Vitelli, Lanfreducci oder Agostini - bis zum Arsenale Mediceo oder delle Galee. Zu bewundern sind hier die Reste des befestigten Arsenals der Republik aus dem 12. Jahrhundert und die beeindruckenden Backstein-Schiffswerften der toskanischen Flotte aus dem 15. Jahrhundert.

MERCATO DI PISA. Wochenmarkt jeden Mittwoch und Samstag in der Via Paparelli, mercatodipisa.com

PIZZICHERIA DEL CANTO. Frische Pasta, Wurstwaren, Käse, Gerichte zum Mitnehmen - und das seit 1925. Corso G. Matteotti 78, Pontedera, Tel. +39 0587/520 80

7

DIE SÜDLICHEN STADTVIERTEL DES MEZZOGIORNO

Über den Ponte di Mezzo geht es hinüber zum anderen Ufer, in die Quartieri **San Martino** und **San Antonio**. Gleich bei der Brücke stoßen wir auf den **Palazzo Gambacorti** aus dem 13. Jahrhundert, seit 1689 das Rathaus von Pisa. Über den Lungarno Gambacorti gelangen wir zur kleinen Chiesa Santa Maria della Spina. In der hübschen Dornenkirche direkt am Flussufer wurde ab 1333 für lange Zeit ein Dorn aufbewahrt, der dem Glauben zufolge aus der Dornenkrone Christi stammt. Die Reliquie ist heute in der Kirche Santa Chiara zu sehen. In Flussnähe steht auch die Kirche San Paolo a Ripa d'Arno, im 11. bis 13. Jahrhundert nach dem Vorbild des Doms von Pisa als dreischiffige basilikale Anlage über dem Grundriss eines lateinischen Kreuzes errichtet.

Der **Corso d'Italia** ist die Verlängerungsachse des Borgo Stretto und führt über die Piazza Vittorio Emanuele II direkt zum Hauptbahnhof von Pisa. An der Piazza Toniolo steht die Citadella Nuova, 1468 von Florenz erbaut, von Pisa zerstört und 1512 wieder errichtet. An die Zitadelle grenzen die öffentlichen Gärten des Palazzo Scotto-Corsini.

Tipp

Das historische Museo Piaggio in Pontedera, unweit von Pisa in Richtung Florenz, lockt zahlreiche Vespa-Fans. Piaggio ist Hersteller der Vespa. Im Museum sind Hunderte Fahrzeuge der Marken Vespa, Ape, Gilera, Moto Guzzi, Aprilia etc. ausgestellt. Der Eintritt ist mit Online-Vormerkung kostenlos (Viale R. Piaggio 7, Pontedera (PI), Tel. +39 0587/271 71, museopiaggio.it).

◀ Kirche Santa Maria della Spina ▶ Kreuzgang im Camposanto

AUF EINEN BLICK

Info

STADT/REGION: Pisa
BESTE REISEZEIT: ganzjährig
OPTIMALE REISEDAUER: 1–2 Tage
TOURISTINFO: Infopoint Turistico Pisa Turismo, Piazza Duomo 7, Pisa, Tel. +39 050/55 01 00, turismo.pisa.it

NICHT VERSÄUMEN

DOM SANTA MARIA ASSUNTA: Piazza dei Miracoli, Pisa, Tel. +39 050 83 50 11, opapisa.it
CAMPANILE PENDENTE: Der schiefe Turm
BAPTISTERIUM: Die größte Taufkirche der christlichen Welt
CAMPOSANTO MONUMENTALE: Der antike Friedhof der Adeligen von Pisa
MUSEO DELL'OPERA DEL DUOMO: Piazza del Duomo 23, Pisa, Tel. +39 050/83 50 11, www.opapisa.it

1118 wurde der Dom von Pisa geweiht.

ORTO BOTANICO: Via Luca Ghini 13/Via Roma 56, Pisa, Tel. +39 050/221 13 10, ortomuseobot.sma.unipi.it
PIAZZA MARTIRI DELLA LIBERTÀ: Hier sind die drei Kirchen Santa Caterina, Santa Cecilia und San Francesco zu besichtigen
MUSEO NAZIONALE DI SAN MATTEO: Piazza San Matteo in Soarta 1, Pisa, Tel. +39 050/54 18 65, aboutpisa.info

PARCHEGGIO VIA PAPARELLI PISA

ADRESSE: Via Alberto Paparelli, Pisa
GPS: 43.72386, 10.41278
Gebührenpflichtiger Stellplatz für 100 Mobile. Der beleuchtete Stellplatz liegt auf einem Parkplatz. Video-Überwachung am Platz. Ganzjährig nutzbar.

Wohnmobilstellplätze bei Pisa

STRADA DEL CHIANTI

Im Land des guten Weins

Weingut Castello di Fonterutoli in Castellina in Chianti

Chianti und Toskana, die beiden Begriffe sind zum Synonym geworden. Wer an die Toskana denkt, denkt wohl automatisch gleichzeitig an diesen Wein. Wer etwa summt nicht mit bei der alten Schlagermelodie »Ja ja, der Chianti-Wein, der lädt uns alle ein …«. Dabei ist Chianti mehr als nur der berühmteste Wein Italiens: »Chianti« wird auch das gesamte Gebiet der Zentraltoskana von Florenz bis nach Siena genannt.

Wir begeben uns auf eine Reise in eine der bekanntesten und faszinierendsten Gegenden der Toskana. Die Herkunft des Wortes »Chianti« ist umstritten; das erste Mal tauchte der Name in einem Dokument der Abtei San Bartolomeo a Ripoli im Jahr 790 auf. Aus dem Jahr 1404 stammt die erste Urkunde mit der Bezeichnung »Vino Chianti« für den Wein aus der Gegend. Der jedenfalls hat im Chianti-Gebiet eine lange Tradition und diese Region so tief geprägt wie woanders selten.

IM CHIANTI-CLASSICO-GEBIET

Gleich nach Florenz begegnen uns auf unserer Reise über die sanften Hügel die ersten Weinberge mit einladenden Weingütern, stattlichen Villen, wehrhaften Burgen und mittelalterlichen Dörfern und Weilern. Das um 1350 befestigte, auf den Hügeln zwischen den Tälern des Pesa und des Greve gelegene **San Casciano in Val di Pesa** – in der Geschichte für die Verteidigung von Florenz von strategischer Bedeutung – ist für uns das Tor ins klassische Chianti-Gebiet. Im Ortsteil Sant'Andrea in Percussina schrieb Niccolò Machiavelli 1512 auf dem Familiengut Albergaccio sein Hauptwerk »Il Principe« – »Der Fürst«.

Über die alte Via Cassia geht es weiter nach **Tavernelle Val di Pesa** und schließlich nach **Barberino Val d'Elsa**. Das reizvolle Zentrum des Ortes bildet die Piazza Barberini mit dem Palazzo Pretorio und der Pieve di San Bartolomeo. In unmittelbarer Nähe haben die Florentiner 1202 den wehrhaften römischen Stützpunkt Semifonte dem Erdboden gleichgemacht.

Bevor wir die Provinz Florenz verlassen, wenden wir uns noch **Greve in Chianti** zu. Das Dorf liegt eingebettet in einer urtümlichen Hügellandschaft, ist als Marktflecken bekannt und gilt als das Zentrum des Chianti Classico. Hauptanziehungspunkt in Greve ist der einladende, dreieckige Hauptplatz mit den alten Lauben und schmucken Geschäften.

8

ARISTOKRATISCHE LÄNDLICHKEIT

Beschützt von einer massiven Rocca samt Wehrturm aus dem 15. Jahrhundert, liegt **Castellina in Chianti** sehr erhaben 580 Meter hoch. Das historische Zentrum der ehemaligen Hauptstadt der Region wartet mit einer Reihe eleganter Renaissance-Paläste auf. Bevor wir durch dichte Eichenwälder nach Radda fahren, lohnt sich ein Abstecher nach **Fonterutoli** mit der beeindruckenden Patrizier-Villa der Familie Mazzei, der Herren des Dorfes seit 1435. Auf einem Hügel mit 360-Grad-Weitblick lockt **Radda** als Inbegriff eines Weindorfes. Das alte Zentrum, die Piazza Ferrucci mit dem Palazzo Pretorio, der Kirche San Nicolò und den sehenswerten engen Gassen wird von den Resten der alten Burg überragt.

Gaiole in Chianti, im 13. Jahrhundert als Marktflecken für die vielen umliegenden Burgen gegründet, ist heute das Zentrum der Cinta-Senese-Zucht – einer der ältesten frei lebenden Schweinerassen Italiens. Ganz in der Nähe geht es zur Burg Brolio, dem Familiensitz der Ricasoli. In der Kapelle San Jacopo aus dem 14. Jahrhundert befindet sich das Mausoleum der einflussreichen Familie.

In **Castelnuovo Berardenga** entdecken wir das innovative und einzigartige Landschaftsmuseum **Museo del Paesaggio** – es erfasst, illustriert und feiert die wunderschöne Landschaft des Chianti –, und wir stoßen an die Grenze des Chianti-Classico-Gebiets. Ganz in der Nähe lädt in Pieveasciata der 2004 eingeweihte **Parco Sculture del Chianti** zu einem erholsamen

◀ Die Küchenchefin der Bottega del Trenta ▶ Weinkeller im Castello di Ama

Der neue Barriquekeller des Weinguts Fonterutoli

und anregenden Besuch. In einer Dauerausstellung präsentiert er zeitgenössische Skulpturen und Installationen, die perfekt in den umgebenden Wald integriert sind.
Nicht versäumen sollte man zudem die **Strada dei Castelli del Chianti**, die Burgenstraße des Chianti Classico, die sich kurvenreich durch die Landschaft, durch Weinberge und Olivenhaine, mediterrane Macchia und Steineichenwälder schlängelt und die alten Schlösser und Burgen verbindet. Dafür braucht es aber – wie überall in dieser wunderbaren Gegend – viel Zeit. Im Chianti reist man nämlich langsam.

MANGIANDO MANGIANDO. Familiäre Trattoria mit eigenen Wurstwaren, selbst gebackenem Brot und hausgemachter Pasta. Piazza Matteotti 80, Greve in Chianti, Tel. +39 055/854 63 72
LA TAVERNA DI VAGLIAGLI. Mitten in der Landschaft des Chianti – traditionelle Osteria mit Fleischspezialitäten. Via del Sergente 4, Castelnuovo Berardenga, Tel. +39 0577/32 25 32
IL CARLINO D'ORO. Gleich hinter dem Castello di brolio lädt die einfache Familientrattoria zu guter, bodenständiger Toskanaküche. Loc. San Regolo 33, Gaiole in Chianti, Tel. +39 0577/74 71 36
LE PANZANELLE. Lokale und saisonale Produkte und ehrliche Chianti-Küche mitten in den Weinbergen. Loc. Lucarelli 29, Radda in Chianti, Tel. +39 0577/73 35 11

Hauptanziehungspunkt in Greve in Chianti ist der schmucke Marktplatz.

ANTICA MACELLERIA FALORNI. Beste Wurst- und Fleischwaren in der Traditionsmetzgerei – seit 1806. Piazza G. Matteotti 66, Greve in Chianti, +39 0558/530 29, falorni.it

LA CERAMICA DI ANGELA PIANIGIANI. Traditionelle, handgearbeitete Keramikartikel vom Feinsten. Loc. Malpensata 1, Radda in Chianti, Tel. +39 0577/73 84 66, raddainchiantilife.com

FRANTOIO DEL GREVEPESA. Genossenschaft von 180 Olivenbauern im Herzen der Toskana. Via Provinciale Chiantigiana 6, San Casciano Val di Pesa, Tel. +39 0558/213 53, frantoiogrevepesa.com

HISTORIE DES CHIANTI CLASSICO

Die eigentliche Geschichte des Chianti Classico begann im 19. Jahrhundert. **Bettino Ricasoli**, der »Eiserne Baron« und neben Cavour, Mazzini und Garibaldi einer der Hauptakteure bei der Einigung Italiens, schrieb 1874 auf seinem Castello di Brolio in Gaiole in Chianti in seinem Governo del Vino die Regeln für die Produktion des neuen Chianti nieder. Dabei legte er erstmals die Prozentsätze der einzelnen Rebsorten fest, die die Grundlagen des Weines bilden müssen: Den Hauptanteil machte mit 70 Prozent der Sangiovese aus, der für Aromen und Gerbstoffstruktur verantwortlich ist. 20 Prozent Cannaiolo gaben dem Wein die Weichheit, zehn Prozent weiße Rebsorten – Malvasia oder Trebbiano – sorgten für ein Mehr an Geschmack und Frische. Mit Baron Ricasoli, der einen Chianti wollte, den man trinken und verkaufen konnte und der zudem noch problemlos lagern und reifen sollte, begann der Rebsaft seinen Siegeszug. In der Folge stieg er zu einem der bekanntesten und beliebtesten Weine Italiens auf.

8

KONTROLLIERT UND GARANTIERT

1967 erhielt der Chianti die **geschützte Ursprungsbezeichnung DOC**, 1984 die geschützte und kontrollierte Bezeichnung **DOCG**. Das Consorzio del Chianti Classico wurde 1987 neu gegründet.

In **sieben Anbaugebieten** darf heute Chianti produziert werden. Ihre Bezeichnungen lauten: Colli Fiorentini, Colli Senesi, Montalbano, Montespertoli, Rufina, Colli Aretini und Colline Pisane. Der Chianti Classico ist hingegen auf die klassische Zone in der Provinz Florenz (Gemeinden San Casciano in Val di Pesa, Tavernelle Val di Pesa, Barberino Val d'Elsa, Greve in Chianti), der Provinz Siena (Castellina, Radda und Gaiole in Chianti) sowie Castelnuovo Berardenga und Poggibonsi beschränkt. 80 Prozent muss der Mindestanteil an Sangiovese-Trauben beim Classico heute betragen, den Rest können autochthone Sorten wie Canaiolo und Colorino oder die internationalen Sorten Cabernet Sauvignon und Merlot ausmachen. Die weißen Sorten Trebbiano und Malvasia dürfen seit 2006 beim Classico nicht mehr verwendet werden. Und: Der Wein darf ab dem 1. Oktober im Jahr nach der Ernte auf den Markt kommen, die Riserva nach 24 Monaten Lagerung.

Tipp

Eine 20-minütige Wanderung führt von Greve nach Montefioralle, in eines der ältesten und reizvollsten Weindörfer im Chianti – der Ursprung der Burg wird auf das Jahr 931 datiert. Mit aktuell um die 100 Einwohner steht der Ort auf der Liste der schönsten Dörfer Italiens (montefioralle.it).

◀ Historische Chianti-Flaschen ▶ Sangiovese-Trauben für den Chianti

8

DEN TRADITIONELLEN CHIANTI in der bauchigen, strohumflochtenen Korbflasche, dem *fiasco*, gibt es heute nur noch für nostalgische Touristenherzen. Der Chianti ist viel besser geworden, auch wenn es heute auffallend ruhig um den einst bekanntesten Wein Italiens geworden ist. Was die Vielzahl an adligen und bäuerlichen Weingütern im Chianti heute anzubieten hat, ist beachtlich – dem Genießer bleibt also die Qual der Wahl.

Einige Produzententipps für das Classico-Gebiet: Badia di Coltibuono, Barone Ricasoli, Castell'in Villa, Castellare in Castellina, Castello di Ama, Castello di Brolio/Ricasoli, Castello di Fonterutoli, Castello di Volpaia, Fattoria di Felsina, Fontodi, Lamole di Lamole, Montevertine, Nittardi, Riecine, Villa Vignamaggio ...

Tipp

Besuche lohnen sich außerdem beim erfrischend verrückten Kult-Metzger Dario Cecchini in Panzano (dariocecchini.com), beim tiefgründigen Pasta-Philosophen Giovanni Fabbri (pastafabbri.it) sowie bei den passionierten Safranproduzenten und Olivenöl-Brüdern Gianni e Paolo Pruneti (pruneti.it) in Greve in Chianti.

◀ Marco Pallanti vom Castello di Ama ▶ Weintresor im Weingut Campanelle

AUF EINEN BLICK

Info

STADT/REGION: Chianti
BESTE REISEZEIT: März-November
OPTIMALE REISEDAUER: 3–4 Tage
TOURISTINFOS: Uffici turistici - Visit Chianti, visitchianti.net
Barberino Val D'Elsa, Piazzetta Spedale dei Pellegrini 2,
Tel. +39 0558/07 53 19
Castellina in Chianti, Via Ferruccio 40, Tel. +39 0577/74 13 92
Castelnuovo Berardenga, Via Chianti 61,
Tel. +39 0577/35 13 37
Greve in Chianti, Piazza Giacomo Matteotti 10,
+39 0558/54 62 99
Radda in Chianti, Piazza del Castello, Tel. +39 0577/73 84 94
San Casciano in Val di Pesa, Via IV Novembre 130,
Tel. +39 0555/36 70 30

NICHT VERSÄUMEN

PARCO SCULTURE DEL CHIANTI: Loc. La Fornace Strada Provinciale 9 48/49, Pievasciata, Tel. +39 0577/35 71 51, chiantisculpturepark.it
MUSEO DEL PAESAGGIO: Via del Chianti 61, Castelnuovo Berardenga, comune.castelnuovo-berardenga.si.it, visittuscany.com
STRADA DEI CASTELLI DEL CHIANTI: castelli-del-chianti.com
CHIANTI CLASSICO-WEINGÜTER: chianticlassico.com
MONTEFIORALLE: montefioralle.it

AREA SOSTA CAMPER GAIOLE

ADRESSE: Via Michelangelo Buonarroti 9, Gaiole in Chianti
GPS: 43.46467, 11.43438
Gebührenfreier Stellplatz für 6 Mobile am Ortsrand von Gaiole in Chianti. Der Stellplatz liegt auf einem Parkplatz. Überwiegend ebener, teilweise schattiger Platz. Asphaltierter Untergrund. Zentrum zu Fuß erreichbar. Am Platz: Entsorgung Grauwasser, Entsorgung Chemie-WC. Ganzjährig nutzbar.

SAN GIMIGNANO

Stadt der Türme

Einst ragten 72 Türme in San Gimignano gen Himmel.

9

Das Städtchen San Gimignano zählt 8000 Einwohner und neben Florenz, Siena und Pisa zu den beliebtesten Touristenzielen in der Toskana. Das »Manhattan des Mittelalters«, wie die Stadt der Türme in Anspielung auf ihre aufsehenerregende Skyline auch genannt wird, besticht mit seinem gemütlichen Flair, reichen Kunstschätzen und malerischen Sehenswürdigkeiten.

Einst ragten 72 Türme in San Gimignano gen Himmel, 15 davon sind übrig geblieben. Schon von Weitem sieht man sie über den Dächern der Stadt, die sich nördlich von Siena auf einem 334 Meter hohen Hügel oberhalb der Val d'Elsa erstreckt.

WEHRHAFTE WOLKENKRATZER

Um ihre Macht zu demonstrieren, bauten die einflussreichen Familien San Gimignanos im 12. und 13. Jahrhundert Türme. Meist sind dies quadratische Wohntürme, die ursprünglich als Verteidigungswerke geplant waren, allmählich aber zu reinen Prestigeobjekten wurden: Je höher der Turm, desto angesehener waren seine Besitzer und deren Familien. Die ehrgeizigen Rivalitäten der Adeligen trieben die Bauwerke immer weiter in die Höhe, die baulichen Möglichkeiten der Zeit wurden bis an ihre statischen Grenzen ausgeschöpft. Mitte des 13. Jahrhunderts schob man dem jedoch einen Riegel vor: Der 54 Meter hohe Rathausturm, die Torre Grossa, diente von nun an als Höchstgrenze: Kein anderer Turm durfte höher gebaut werden, und all jene, die bereits höher waren, mussten auf dieses Maß zurückgestutzt werden. Der »dicke Turm« neben dem Palazzo del Popolo am Domplatz ist auch heute noch der höchste Turm – und der einzige, der für Besucher offen und zu besichtigen ist. All die anderen Türme verteilen sich als beeindruckende Zeugen längst vergangener Zeiten auf das Stadtgebiet.

DIE CASETORRI

Sogenannte **»Geschlechtertürme«** – die »Casetorri« – entstanden in vielen mittelalterlichen Städten, doch nirgendwo sind so viele so gut erhalten geblieben wie in Sam Gimignano. Andernorts mussten sie in den meisten Fällen neuen Palästen und Stadtsanierungen weichen. In Bologna beispielsweise sind nur zwei von insgesamt 180 solcher Türme übrig geblieben, in Deutschland stehen in Regensburg noch einige gut erhaltene Exemplare. In San Gimignano wurden die Bauwerke bewahrt, weil die Pest im 14. Jahrhundert in die einst reiche Stadt Armut und Not brachte. San Gimignano blieb in seiner Entwicklung stehen, denn für Erneuerungen fehlte das Geld – ein Glück für uns: Zumindest ein kleiner Teil der Geschlechtertürme von San Gimignano zeugt hier noch heute von mittelalterlichen Eitelkeiten und Fehden. 1990 erklärte die UNESCO sie zum Weltkulturerbe.

AN DER VIA FRANCIGENA

San Gimignanos Wurzeln reichen, wie in der Region üblich, bis in die etruskische Ära im 3. Jahrhundert v. Chr. zurück. Die heutige Stadt heißt nach dem Bischof von Modena, dem heiligen Geminianus, und wurde erstmals 929 als »Weiler an der Via Francigena« erwähnt. Die ursprüngliche, bereits ummauerte Siedlung breitete sich zwischen dem Hügel Montestaffoli, auf dem die Florentiner 1353 eine Burg erbauten, und der Anhöhe della Torre aus, wo der Bischofspalast und die Collegiata standen. Eine Erweiterung des Städtchens Richtung Norden und Süden erfolgte entlang der mittelalterlichen Handels- und Pilgerroute Via Francigena, die sich noch heute als Hauptachse durch die Altstadt zieht. Von Siena kommend, verläuft sie durch die Porta San Giovanni im Süden bis zur nördlichen Porta San Matteo in Richtung Pisa.

BLÜTEZEIT UND UNTERWERFUNG

Im 12. Jahrhundert wurde San Gimignano zur Freistadt und erlebte in den nächsten 150 Jahren seine Blütezeit. Vor allem der Handel und der Anbau von Safran prägten das wirtschaftliche Leben und verhalfen der Stadt zu Reichtum und Ansehen. Die Regierung der Konsuln wurde durch einen gewählten Podestà abgelöst. Diesem standen ein kleiner und ein großer Rat – mit 1200 Mitgliedern – zur Seite.

Im Mai 1300 kam der in Florenz geborene Dante Alighieri in diplomatischer Mission als Vertreter der Guelfen nach San Gimignano. Zwei Monate lang war er Mitglied des Priorats, des sechs Mitglieder umfassenden höchsten Gremiums der Stadt. 1319 versuchte er erneut, die zerstrittenen Parteien der Guelfen und Ghibellinen in der Stadt auszusöhnen … vergeblich.

San Gimignano zählt zu den beliebtesten Touristenzielen der Toskana.

Anhaltende **Konflikte und Kriege** um Besitzrechte mit den Bischöfen von Volterra und den Nachbarorten hinterließen ihre Spuren. Aber auch innerhalb der Stadtmauern bekämpften sich die Geschlechter: Die Ardinghelli, die papsttreuen Guelfen, und die Salvucci, die auf der Seite der kaiserlichen Ghibellinen standen, bekriegten sich bis aufs Blut. Durch Kriege, Auseinandersetzungen und die schreckliche Pest von 1348 verarmt und geschwächt, verzichtete San Gimignano 1351 auf seine Freiheit und unterwarf sich endgültig Florenz.

BORGO TOLLENA. Produkte aus der eigenen Azienda Agricola sowie Spezialitäten aus der Gegend im Zentrum von San Gimignano. Via San Giovanni 69, Tollena, Tel. +39 0577/90 72 13, borgotollena.com

BAZAR DEI SAPORI. Wurstwaren, Käse, Weine, Süßigkeiten – alles, was das Herz begehrt. Via San Giovanni 8, bazardeisapori.it

WOCHENMARKT. Jeden Donnerstag Gemüse und lokale Spezialitäten auf der Piazza del Duomo.

STADTRUNDGANG

Von der Porta San Giovanni im Süden führt der Weg entlang der alten Via Francigena hinauf zur Piazza della Cisterna, auf der seit 1273 ein monumentaler Brunnen plätschert. Auf der linken Seite steht der Turm der Ardinghelli aus dem 13 Jahrhundert. Auf der anschließenden Piazza

Piazza della Cisterna in San Gimignano

del Duomo präsentiert sich linker Hand der 1288 vollendete **Palazzo del Popolo**, heute Sitz der Stadtverwaltung und des Stadtmuseums. Gleich daneben reckt sich die Torre Grossa von 1311 gen Himmel. An der rechten Seite des Platzes steht der Palazzo del Podestà von 1239 mit dem Turm La Rognosa. Der romanische Dom aus dem 11. Jahrhundert, die **Collegiata**, erweist sich als kunsthistorisches Juwel mit herrlichen Fresken von Benozzo Gozzoli, Jacopo della Quercia, Taddeo di Bartolo und Ghirlandaio. Linkerhand geht es hoch zur Ruine der **Rocca di Montestaffoli**, wo eine herrliche Aussicht lockt. Die Burg wurde 1353 von den Florentinern erbaut und 1558 von Cosimo I. wieder niedergerissen. Die Kirche Sant'Agostino von 1298 steht an der nördlichen Stadtmauer. Entlang des Mauerrings schließt sich der Kreis über die Porta San Jacopo, mit dem Haus der heiligen Fina, den öffentlichen Brunnen aus dem 12. Jahrhundert außerhalb der Stadtmauern und der Anhöhe della Torre mit der unterhalb gelegenen Chiesa San Domenico.

RISTO-MACELLERIA I PIACERI DELLA CARNE. Metzger und Ristorante in einem. Freundliche Bedienung, gemütliches Ambiente, moderate Preise und vor allem frisches Fleisch (Carpaccio und Tatar) und guter Wein. Piazza Sant'Agostino 3, Tel. +39 0577/94 01 71

9

RICCAPIZZA. Gute Pizza, das Richtige für eine schnelle Mahlzeit zwischendurch. Via San Giovanni 92, Via S. Matteo 5, Tel. +39 0577/94 18 17

DULCISINFUNDO. Schönes Ambiente, toller Service, ausgewählte lokale Spezialitäten, top Weine. Vicolo Degli Innocenti 21, Tel. +39 0577/94 19 19, dulcisinfundo.net

VERNACCIA DI SAN GIMIGNANO

Der Vernaccia di San Gimignano ist der klassische Weißwein aus San Gimignano, einer der wenigen autochthonen Weißen der Toskana. Seine Ursprünge reichen weit zurück in die Geschichte. Aus dem Jahr 1276 stammt seine erste schriftliche Erwähnung in einer Steuerrolle der Gemeinde San Gimignano. Am bedeutendsten ist jedoch seine Erwähnung in Dante Alighieris »Divina Commedia«. Darin schickt der Dichter Papst Martin IV. ins Fegefeuer, damit dieser seine übertriebenen Gaumenfreuden sühne – ganz besonders die in Vernaccia ertränkten Aale (Purgatorio, Canto XXIV). Der Wein wird zu mindestens 85 Prozent aus der Rebsorte Vernaccia gekeltert. Bis zu einem Anteil von 15 Prozent können auch einige andere weiße Rebsorten beigemengt werden. 1966 erhielt der Vernaccia di San Gimignano als erster italienischer Wein die kontrollierte Ursprungsbezeichnung DOC, seit Juli 1993 trägt er mit der kontrollierten und garantierten **Ursprungsbezeichnung DOCG** das Siegel der höchsten Qualitätsstufe. 180 Winzer bearbeiten die insgesamt 770 Hektar umfassenden zugelassenen Rebflächen und erzeugen im Durchschnitt rund vier Millionen Liter Wein. Ab einem Jahr Reifung kann der Wein die Qualitätsbezeichnung »Riserva« tragen.

TIPPS ZUM BESUCH VON VERNACCIA-WEINGÜTERN:

- Montenidoli, montenidoli.com
- Il Colombaio di Santa Chiara, colombaiosantachiara.it
- Panizzi, panizzi.it

GEFÜHRTE VERKOSTUNGEN UND INFOS:

- Vernaccia di San Gimignano Wine Experience – La Rocca, Via della Rocca 1, Tel. +39 0577/94 12 67, wineexperience.vernacciasangimignano.it

9

KRISTALLSTADT COLLE DI VAL D'ELSA

Nur wenige Kilometer von San Gimignano entfernt liegt Richtung Siena das kontrastreiche Städtchen Colle di Val d'Elsa. Die Unterstadt, Colle bassa, ist industriell geprägt. Der antike Stadtkern, Colle alta, liegt auf einem Hügel. Die engen Täler, die Colle di Val d'Elsa durchziehen, teilen den Ort in die drei Stadtteile Piano, Borgo und Castello. Die historische Altstadt, die noch heute von den Überresten des Mauerrings aus dem 13. Jahrhundert eingeschlossen wird, ist auf jeden Fall sehenswert.

Ende des 16. Jahrhunderts hatte in Colle di Val d'Elsa die Glasindustrie ihren Ursprung, heute stellt man hier edle Kristallgläser her, durch die die Stadt internationale Bekanntheit erlangt hat. Mehr als 90 Prozent der italienischen und mehr als zehn Prozent der weltweiten Produktion stammen aus dem Städtchen mit nur 20.000 Einwohnern.

IM MUSEO DEL CRISTALLO in der Via dei Fossi 8/A wird die Entwicklung der Glasproduktion von einst bis heute in sehr anschaulicher und ansprechender Art nachvollzogen (cristallo.org).

◀ Feinkostladen La Bottega ▶ Im Altstadtviertel von San Gimignano

AUF EINEN BLICK

Info

STADT/REGION: San Gimignano
BESTE REISEZEIT: März–November
OPTIMALE REISEDAUER: 1–2 Tage
TOURISTINFO: Pro Loco San Gimignano, Piazza Duomo 1, San Gimignano, Tel. +39 0577/94 00 08, sangimignano.com

NICHT VERSÄUMEN

SAN GIMIGNANO: Stadtrundgang, sangimignano.com
PALAZZO COMUNALE, PINACOTECA, TORRE GROSSA: Tel. +39 0577/286300, sangimignanomusei.it
CHIESA DI SAN LORENZO IN PONTE: sangimignanomusei.it
POLO MUSEALE SANTA CHIARA: sangimignanomusei.it
COLLE DI VAL D'ELSA: comune.collevaldelsa.it
MUSEO DEL CRISTALLO: Via dei Fossi 8/A, Colle di Val d'Elsa, cristallo.org
VERNACCIA DI SAN GIMIGNANO: Consorzio della Vernaccia di San Gimignano, vernaccia.it

Die Via Francigena führt zur Piazza della Cisterna.

CAMPING BOSCHETTO DI PIEMMA

ADRESSE: Località Santa Lucia 38/c, San Gimignano, Tel. +39 0577/90 71 34, boschettodipiemma.it/de
GPS: 43.45366, 11.05381

Nur 2 Kilometer von San Gimignano entfernt, das mit einem öffentlichen Citybus erreicht werden kann, liegt der mit allem Komfort ausgestattete Camping Boschetto di Piemma an der Panoramastraße in einem alten Wald aus Eichen und Steineichen – ein idealer Ausgangspunkt für Ausflüge in die nähere und fernere Umgebung.

VOLTERRA

Die Stadt aus Stein

Überreste des römischen Amphitheaters von Volterra

10

In Volterra haben zweieinhalbtausend Jahre Geschichte unauslöschliche Spuren hinterlassen. Sei es bei einem Spaziergang durch die Straßen der Altstadt oder einem Besuch seiner sehenswerten Museen: Auf Schritt und Tritt begegnen einem hier außerordentliche historische und künstlerische Zeugnisse aus dem Zeitraum von den Etruskern bis zum späten Mittelalter.

Volterra liegt etwas abseits auf einem 531 Meter hohen Bergrücken, der die Täler Cècina und Era trennt und gleichzeitig dominiert. Inmitten dieser spektakulären Landschaft, die durch Erosion gebildete Abbrüche und Geröllhalden prägen, entstand im Mittelalter auf den Spuren einer alten Etruskerstadt die noch heute von einer intakten Mauer umgebene »Stadt der Winde und der Steine«, wie Gabriele D'Annunzio sie einst taufte.

DAS ETRUSKISCHE VELATHRI

Im 4. Jahrhundert v. Chr. lebten etwa 25.000 Menschen in Velathri. Es war eines der wichtigsten Zentren Etruriens und zählte zu den ältesten der einstmals zwölf Bundesstädte des Reichs. Aufgrund ihrer abgeschiedenen Lage fiel die Stadt mit der sieben Kilometer langen Mauer rund um Akropolis und Nekropolis als letzte Hochburg der Etrusker in die Hände Roms. Das Stadttor **Porta all'Arco** ist das letzte gut erhaltene Relikt der etruskischen Verteidigungsanlage.

Das heutige historische Zentrum wird mitsamt den neuen Stadtmauern im 12. und 13. Jahrhundert fast zur Gänze aus dem grauen Panchina-Stein erbaut. In diese Zeit der Freistadt fällt auch die Errichtung der massiven Verteidigungsanlagen bei den Stadttoren. Die große Burg wurde auf den Überresten der alten Akropolis am höchsten Punkt der Stadt erbaut. Den ersten Teil, die **Rocca Vecchia**, errichtete um 1342 Herzog d'Atene Gualtieri di Brienne, Gouverneur der Toskana. Die **Rocca Nuova** ließ Lorenzo il Magnifico zwischen 1472 und 1475 errichten, *contro la città* (»gegen die Stadt«) und um deren Widerstand gegen Florenz zu brechen.

EINBLICKE INS MITTELALTER

Die Stadt präsentiert sich noch heute als eine der besterhaltenen mittelalterlichen Städte Italiens. Den Mittelpunkt bildet die Piazza dei Priori, auf

▲ Landschaft zwischen San Gimignano und Volterra ◀ Alabasterwerkstatt Rossi in Volterra ▶ Zeitungslektüre im Alabaster-Atelier

der seit dem Mittelalter jeden Samstag ein großer Markt stattfindet. 1254 wurde der **Palazzo dei Priori**, das älteste Rathaus der Toskana, unter Bürgermeister Bonnacorso Adimari fertiggestellt. Der Dom **Santa Maria Assunta** wurde 1120 eingeweiht und im Lauf der Jahrhunderte öfters umgebaut. Gleich neben dem Dom mit der bemerkenswerten Kassettendecke steht das achteckige **Baptisterium** aus dem 12. Jahrhundert. Sein Taufbecken von Andrea Sansovino ist mit bedeutenden Reliefs verziert. Sie zeigen die vier Tugenden Hoffnung, Treue, Gerechtigkeit und Karitas sowie die Taufe Jesu. Im **Stadtteil Vallebuona** sind die gut erhaltenen Reste des römischen Theaters aus der Zeit Kaiser Augustus' zu besichtigen. Unterhalb des herrlich in die Landschaft eingebetteten Theaters, in dem 2000 Menschen sitzen konnten, liegen die großzügig angelegten Thermen aus dem 4. Jahrhundert.

DA BADÒ. Einladend einfache Trattoria mit toskanischer Hausmannskost im historischen Zentrum. Borgo Dan Lazzero 9, Tel. +39 0588/804 02, trattoriadabado.com

LA CARABACCIA. Familiär geführte Trattoria mit klassischer Küchentradition: einfach, ehrlich und gut. Piazza XX Settembre 4–5, Tel. +39 0588/862 39

10

IM ARCHÄOLOGISCHEN MUSEUM GUARNICCI im Palazzo Desideri Tangassi sind die bedeutendsten Funde der Vergangenheit ausgestellt. Ascheurnen aus Tuffstein, Alabaster und Bronze sind Teil einer bedeutenden Sammlung. Zu ihr gehört auch die berührende Urna degli Sposi, die »Urne der Brautleute«, auf der ein Paar beim Festmahl abgebildet ist. Das berühmteste Kunstwerk des Museums ist jedoch die Bronzefigur Ombra della Sera: Der »Schatten des Abends«, ein 2300 Jahre altes Meisterwerk aus hellenistischer Zeit, ist eine Votivbeigabe aus einem Etruskergrab. Die einzigartige Form der schlanken, 573 Millimeter hohen Figur besticht durch ihre modern anmutende Eleganz.

ZENTRUM DER ALABASTERVERARBEITUNG

In Volterra stand schon zur Zeit der Etrusker die Alabasterverarbeitung im Mittelpunkt. Die Alabaster-Steinbrüche spielten später wieder vom Mittelalter bis ins 15. Jahrhundert eine wichtige Rolle. Alabaster ist ein begehrter Rohstoff für Skulpturen, Schmuck und kunstgewerbliche Objekte. Ende des 18. Jahrhunderts gründete Marcello Inghirami Fei ein Laboratorium und eine Schule für die Verarbeitung des kostbaren Minerals, seit 1926 besteht die heutige staatliche Kunstschule. Gemeinsam mit Castellina Marittima und Santa Luce unterhält man in Volterra das Ecomuseo dell'Alabastro, in Castellina Marittima wird der Abbau vor Ort gezeigt.

◀ Palazzo Priori in Volterra ▶ Bunte Erfrischung an der Stadtmauer von Volterra

10

DAS ALABASTERMUSEUM VON VOLTERRA ist in den Stadttürmen Torri Minacci aus dem 12. Jahrhundert untergebracht und dokumentiert auf sehr anschauliche Art und Weise die Geschichte und Verarbeitung des Alabasters. Ergänzt wird die Ausstellung durch wertvolle Kunstgegenstände aus Alabaster von der Antike bis heute.

BOUTIQUE DEL TARTUFO. Alles rund um den Trüffel. Trüffelprodukte, Verkostungen und leckere Trüffelbrötchen. Via Giacomo Matteotti 5, Tel. +39 348/712 18 83

UN MONDO D'ALABASTRO. Handwerksatelier mit feinen Alabasterarbeiten. Für ein besonderes Geschenk. Via Antonio Gramsci 46, Tel. +39 0588/869 15

◀ Versteckte Gasse zur Piazza dei Priori ▲ Beeindruckendes Deckenfresko im Palazzo die Priori ▼ Die mächtige Fortezza Medicea in Volterra

AUF EINEN BLICK

Info

STADT/REGION: Volterra
BESTE REISEZEIT: März–November
OPTIMALE REISEDAUER: 1–2 Tage
TOURISTINFO: Ufficio Turistico, Dei Priori 20, Volterra, Tel. +39 0588/872 57, volterratur.it, comune.volterra.pi.it

NICHT VERSÄUMEN

PALAZZO DEI PRIORI: Das älteste Rathaus der Toskana, Piazza dei Priori 1, Volterra, comune.volterra.pi.it/Palazzo_dei_Priori

DOM SANTA MARIA ASSUNTA UND BAPTISTERIUM: Piazza San Giovanni 3, Volterra

Palazzo dei Priori in Volterra

RÖMISCHES THEATER: Piazza Caduti nei Lager Nazisti, Volterra, Tel. +39 328/070 78 34, comune.volterra.pi.it/aree_archeologiche

MUSEO ETRUSCO GUARNACCI: Archäologisches Museum im Palazzo Desideri Tangassi, Via Don Minzoni 15, Volterra, Tel. +39 0588/863 47, museivaldicecina.it

ECOMUSEO DELL'ALABASTRO: Alabastermuseum in den Stadttürmen Torri Minacci Solaini, Via dei Sarti, Volterra, Tel. +39 0588/875 80, comune.volterra.pi.it/Ecomuseo_alabastro

AREA SOSTA CAMPER P3 VOLTERRA

ADRESSE: Viale dei Filosofi, Volterra, volterratur.it
GPS: 43.40341, 10.86455

Gebührenpflichtiger Stellplatz für 30 Mobile am Ortsrand von Volterra. Der Stellplatz liegt auf einem Parkplatz und auf einem für Reisemobile angelegten und ausgewiesenen Areal. Geschotterter Untergrund. Zentrum zu Fuß erreichbar. Bezahlung via Parkscheinautomat. Wasser, Entsorgung Grauwasser, Entsorgung Chemie-WC im Übernachtungspreis enthalten. Maximaler Aufenthalt: 1 Nacht. Ganzjährig nutzbar.

SIENA

Meisterwerk der Gotik

Sienas Herz schlägt an der Piazza del Campo.

11

Neben Florenz und Pisa ist Siena die wichtigste Kunststadt der Toskana. Der Dom, die Piazza del Campo und der Palazzo Pubblico sind die bekanntesten der unzähligen lohnenden Ziele, die die Stadt bietet. In der Kirche San Domenico aus dem 13. Jahrhundert sind die Reliquien der Heiligen Katharina von Siena, der Schutzpatronin Italiens und Europas, aufbewahrt.

Beim römischen Historiker Tacitus finden wir in dessen »Historiae« um 70 n. Chr. die ersten schriftlichen Zeugnisse über Siena: Der Senator Manilo Patruito wurde während eines offiziellen Besuchs in der Militärkolonie Saena Iulia verspottet und gedemütigt. Der römische Senat bestrafte die Übeltäter und rief die Sieneser zu mehr Respekt gegenüber der Obrigkeit auf. Beinahe tausend Jahre vergingen, bis Siena zu seiner wahren Größe und neben Florenz zur wichtigsten Macht der Toskana heranwuchs. Berühmt wurde die Stadt aber nicht nur aufgrund ihrer politischen Macht: Siena zählte kulturell und künstlerisch zu den führenden Zentren der Epoche. In der Architektur drückte die Stadt der Gotik ihren Stempel auf, und die neue Sieneser Schule der Malerei prägte das 13. und 14. Jahrhundert mit ihren Meisterwerken. Das Trauma über den Verlust der Unabhängigkeit und die Unterwerfung unter Florenz im Jahr 1555 band die Sieneser noch mehr als zuvor an ihre Traditionen und Bräuche.

AUF DEM SCHÖNEN FELD

Sienas Herz schlägt an der **Piazza del Campo** – »am Campo« (dem »Feld«), wie die Sieneser ihren Hauptplatz liebevoll nennen. Mit seinem außerordentlichen Flair zählt er zu den schönsten Plätzen Italiens. Hier findet zweimal im Jahr Sienas wichtigste Veranstaltung statt: der **Palio**, das berühmte Pferderennen. Am Platz steht auch der Palazzo Pubblico oder Comunale – das Rathaus mit seinen herrlichen Kunstschätzen.

Die Geschichte Sienas zieht sich im wahrsten Sinn des Wortes durch und über den Campo. Erstmals erwähnt wurde der »Campus Sancti Pauli« oder »Campus Fori« in Dokumenten aus den Jahren 1169 und 1193. Unmittelbar an dem großen Feld, das die drei Stadtteile miteinander verbindet, zog im Mittelalter die wichtige Via Francigena vorbei. Hier hielt Siena seine Märkte, Messen und Feste ab. Hier dominierten Handel und weltliche Macht.

11

Die kirchliche Vorherrschaft blieb auf den Dom und den Platz davor beschränkt. Im 12. und 13. Jahrhundert nahm der Platz allmählich die heutige Form an. Die roten, im Fischgrätenmuster verlegten Ziegelsteine wurden durch einen vom Palazzo Pubblico ausgehenden Strahlenkranz aus weißen Travertin-Streifen in neun Segmente aufgeteilt – in Erinnerung an die »Regierung der Neun«, die von 1292 bis 1355 die Geschicke der Stadt leitete. Am oberen Ende des muschelförmig und leicht abfallend angelegten Campo thront die aus weißem Carrara-Marmor bestehende Fonte Gaia. Den 1419 von Jacopo della Quercia gestalteten »Brunnen der Freude« speist eine 30 Kilometer lange unterirdische Leitung. Die große *gioia*, die Freude der Bevölkerung über den ersten Brunnen, der das kostbare Nass in die von ständigem Wassermangel geplagte Stadt brachte, ist für die Namensgebung verantwortlich.
Altehrwürdige **gotische Palazzi** der einflussreichsten und mächtigsten Adelsfamilien Sienas formen im Halbkreis die herrliche Kulisse des Campo: Piccolomini, Chigi-Zondadari, Sansedoni, Mercanzia, Costarella dei Barbieri, Elci degli Alessi. Über die Jahrhunderte hinweg haben strenge Bauvorschriften die einzigartige Harmonie des gesamten Ensembles bewahrt.

SYMBOL BÜRGERLICHER FREIHEIT

Das untere Ende der Piazza wird vom imposanten Palazzo Pubblico beherrscht. Dessen Lage ist ungewöhnlich, stehen die wichtigsten Bauten normalerweise doch immer an der höchsten Stelle. Das Konkurrenzdenken unter den einzelnen Stadtvierteln war sicher mit ausschlaggebend für die

◀ Stadtimpression in Siena ▶ Fonte Gaia, der »Brunnen der Freude«

◀ Allegorische Darstellung auf der Fonte Gaia ▶ Der Duomo dell'Assunta

Wahl der eher neutralen Lage. Dafür überragt die schlanke, elegante Torre del Mangia die Piazza um 102 Meter und prägt das Stadtbild.
1297 begann die »Regierung der Neun« mit dem Bau des neuen Rathauses. Natursteine mit den charakteristischen Sieneser Bögen prägen den unteren Teil, Ziegelmauerwerk mit spitzen Dreibogenfenstern die oberen Geschosse des vorerst dreistöckigen Palastes, der um 1680 in seiner heutigen Form erweitert wurde. Am Eingang des Palastes wurde 1376 als Dank für das überstandene Pestjahr 1348 die kleine Cappella di Piazza eingeweiht.

IM PALAZZO PUBBLICO befindet sich das Stadtmuseum mit seinen wundervoll gestalteten Sälen, berühmten Fresken und wertvollen Schätzen. Die Sala del Mappamondo, der »Saal der Landkarten«, fasziniert mit einer gemalten Weltkarte von Ambrogio Lorenzetti und dem ältesten Fresko von Siena, der um 1315 entstandenen, thronenden Madonna Maestà von Simone Martini. Im »Saal des Friedens« oder »Saal der Neun« ist der von Ambrogio Lorenzetti zwischen 1337 und 1339 gemalte Freskenzyklus der Allegorie der guten und der schlechten Regierung zu bewundern.

Tipp

Vom Museo Civico im Palazzo Pubblico aus kann man den 102 Meter hohen Stadtturm Torre del Mangia besteigen. Nach einem zugegebenermaßen schweißtreibenden Aufstieg über 503 Stufen wird man mit einem fantastischen Blick auf die Piazza del Campo, Siena und die Umgebung der Stadt belohnt – Schwindelfreiheit vorausgesetzt.

Die schwarz-weißen Streifen des Campanile setzen sich im Inneren des Domes fort.

GOTIK VOM FEINSTEN

Der **Duomo dell'Assunta** ist ein besonderes Meisterwerk der toskanischen Gotik. Einzigartig ist nicht nur sein gänzlich mit Marmormosaiken gestalteter Fußboden. Die angrenzende Piccolomini-Bibliothek überrascht mit den berühmten Fresken von Pinturicchio über das Leben von Papst Pius II. Am 18. November 1179 weihte der aus Siena stammende Papst Alexander III. auf den Grundmauern einer **Vorgängerkirche** den Grundstein für den Dom von Siena zu Ehren der Santa Assunta, der Heiligen Jungfrau. Um 1264 waren die wichtigsten Bauarbeiten abgeschlossen. Die Arbeiten für den 77 Meter hohen Glockenturm wurden um 1313 vollendet.
Siena wollte aber mehr: Der Dom sollte noch größer und mächtiger werden. Die Reste des unvollendeten Baus aus dem 14. Jahrhundert legen heute Zeugnis von der Großartigkeit des Plans für den **Duomo Nuovo**, den »Neuen Dom «, ab. Die neue Kirche hätte den bestehenden Dom um das Doppelte überragt. Doch nicht nur die Pest von 1348 setzte dem Bauvorhaben ein jähes Ende. Statische Fehler, politische Intrigen und vor allem die fehlende Finanzierung in einem Siena, dessen Glanzzeiten dem Ende zugingen, waren wohl ausschlaggebend dafür.
Auch das Bauwerk, das wir heute auf dem Domplatz bestaunen können, bietet mehr als ein einmaliges Schauspiel. Ganz in weißem Marmor, mit etwas Rosso di Siena und Schwarz-Grün aus Prato, präsentiert sich die beeindruckende **Fassade** dem Besucher, schwarz-weiß gestreift, ganz in den Farben Sienas, der frei stehende **Campanile**. An der mit Säulen und Statuen dekorierten Westfront laden **drei große Portale** mit spitzen Dreiecksgiebeln im Stil der toskanischen Gotik zum Eintritt in das Gotteshaus. Die **Glasmalereien** von 1288 im großen Rosettenfenster des Mittelschiffs zählen zu den ältesten erhaltenen in Italien.

IM INNEREN DES DOMS

Aus dem Staunen kommen wir auch im Innern der dreischiffigen Basilika mit dem mehrschiffigen Querhaus und dem anschließenden Chor kaum heraus. Die schwarz-weißen Streifen des Campanile setzen sich hier in den Säulen, Bögen und Arkaden noch viel markanter fort. Die Gewölbe des Mittelschiffs und der Kuppel sind blau bemalt und mit goldenen Sternen verziert. Einzigartig ist vor allem der kunstvoll gestaltete **Mosaikfußboden**: Die 56 Paneele, die den gesamten Fußboden des Doms mit gravierten Marmorplatten und Intarsien schmücken, wurden im 14. bis 16. Jahrhundert unter Mitwirkung von 40 Künstlern gestaltet. Biblische Themen sowie Allegorien aus der Antike zu Weisheit und Tugend stehen im Mittelpunkt. Die schönsten Darstellungen mit Szenen aus dem Alten Testament finden wir unter der Kuppel.

Die auf neun Säulen stehende achteckige Kanzel schnitt Niccolò Pisano zwischen 1265 und 1268 aus Carrara-Marmor. Bekannt ist die **Galerie der Päpste**: Rund um die Kirche, über der Höhe der Seitenschiffarkaden, finden wir die Büsten von 172 Päpsten, vom Heiligen Petrus bis zum 1185 verstorbenen Lucius III.

MUSEO DELL'OPERA DEL DUOMO. Für den Dom von Siena gibt es verschiedene Möglichkeiten der Besichtigung. Man hat die Wahl, ausschließlich die Kathedrale zu besuchen oder sogenannte Kombitickets zu erwerben, die die Besichtigung von Kathedrale, Krypta, Baptisterium, Libreria Piccolomini, Museo dell'Opera, Panorama dal Facciatone und Porta del Cielo, der Aussichtsterrasse auf dem Dach, mit einschließen.

SPAZIERGANG DURCH SIENA

Nach dem Besuch der Piazza del Campo, von Dom und Palazzo Pubblico lohnt sich eine weitere kleine Entdeckungsreise durch Siena. An der Piazza Salimbeni steht der herrliche Palast der 1472 gegründeten **Monte dei Paschi di Siena**, des ältesten Bankinstituts Europas. Über die **Via di Città**, die eleganteste Straße Sienas, gelangt man zum Campo und zum Dom. An der Straße residiert die international berühmte Musikakademie im **Chigi-Saracini-Palast**. Der festungsartige **Palazzo T**olomei aus dem

11

Jahr 1205 ist der älteste Palast der Stadt. Die Pinacoteca Nazionale beherbergt die großen Meisterwerke der Schule von Siena. Und vergessen Sie nicht, in einer der vielen Bäckereien der Stadt einzukehren und das typische *panforte* zu kosten, ein Gebäck aus Trockenfrüchten, Nüssen, Mandeln und Gewürzen.

OSTERIA LA SOSTA DI VIOLANTE. Einfache, einladende Trattoria etwas abseits der Touristenströme. Bodenständige Küche und netter Service. Via Pantaneto 115, Tel. +39 0577/437 74, lasostadiviolante.it

DA TROMBICCHE. Osteria und Weinbar – nettes, jugendliches Ambiente mit innovativer Küche im Zentrum von Siena. Via delle Terme 66, Tel. +39 0577/28 80 89, datrombicche.it

Tipp

Bis ins 12. Jahrhundert zurück reicht die Tradition des Pferderennens Palio von Siena. Zweimal im Jahr riskieren die Sieneser Kopf und Kragen: am 2. Juli zu Ehren der Madonna di Provenzano und am 16. August mit dem Palio d'Assunta zu Ehren von Mariä Himmelfahrt. Bei diesem rauen, harten, schnellen Turnier auf dem Campo geht es den teilnehmenden 17 *contrade* (Stadtteilen) einzig und allein um den Sieg (ilpalio.org).

◀ Blick über Dom und Campanile ▶ Das älteste Bankinstitut Europas

AUF EINEN BLICK

Info

STADT/REGION: Siena
BESTE REISEZEIT: 1–2 Tage
OPTIMALE REISEDAUER: ganzjährig
TOURISTINFO: Ufficio Turistico Terre di Siena, Il Campo 1, Siena, Tel. +39 0577/29 22 22, terresiena.it, sienaonline.it

NICHT VERSÄUMEN

DUOMO SANTA ASSUNTA, MUSEO DELL'OPERA DEL DUOMO: Piazza del Duomo, Siena, operaduomo.siena.it
PIAZZA DEL CAMPO
PALAZZO PUBBLICO, MUSEO CIVICO: Il Campo 1, Siena, Tel. +39 0577/29 26 15, ticket@comune.siena.it
MUSEO SANTA MARIA DELLA SCALA: Piazza del Duomo 1, Siena, Tel. +39 0577/53 45 04, santamariadellascala.com
PINACOTECA NAZIONALE DI SIENA: Eines der wichtigsten Kunstmuseen Italiens, untergebracht in den Palazzi Brigidi e Buonsignori. Via San Pietro 29, Siena, Tel. +39 0577/28 11 61, pinacotecanazionale.siena.it
SANTUARIO DI SANTA CATARINA: Geburtshaus und Kirche zu Ehren der Heiligen Katharina von Siena. Via Santa Caterina, Siena, santacaterina.siena.it
BANCO MONTE PASCHI DI SIENA: Die älteste Bank der Welt, gegründet 1472. Piazza Salimbeni, Siena

PARCHEGGIO IL FAGIOLONE SIENA

ADRESSE: Strada di Pescaia, Siena, Tel. +39 577/28 05 51, terresiena.it
GPS: 43.31550, 11.31681

Gebührenpflichtiger Stellplatz für 30 Mobile. Der Stellplatz liegt auf einem Parkplatz. Überwiegend ebener Untergrund, allerdings kein Schatten. Das Zentrum von Siena ist zu Fuß erreichbar. Bezahlung beim Platzwart oder Parkscheinautomat. Wasser, Entsorgung Grauwasser, Entsorgung Chemie-WC im Übernachtungspreis enthalten. Ganzjährig nutzbar.

RUND UM DIE CRETE

Wie aus dem Bilderbuch

Der Inbegriff toskanischer Landschaft: die Crete

12

Wenn der Reichtum einer Gegend von der Anzahl der gedruckten Postkarten und vor Ort gedrehten Werbespots abhängen würde, zählten die Crete Senesi sicher zu den reichsten Plätzen der Welt. Aber nicht nur Fotografen, Kameraleute und Künstler bleiben in der einmaligen Landschaft fasziniert und mit staunend aufgerissenen Augen stehen.

Zerklüftet und gewellt zwischen Furchen, den Calanchi, und sanften Hügeln, den Biancane, öffnet sich der Landstrich südlich von Siena wie eine verzauberte Mondlandschaft. Stolz und schillernd, mit einer unvergleichlichen Harmonie aus (je nach Jahreszeit) Ocker- und Braun-, violetten oder goldgelben Tönen, verkörpern die Crete den Inbegriff einer toskanischen Landschaft.

Creta ist die Tonerde, die hier durch Verwitterung und Erosion aus dem ehemaligen Meeresboden die heutige Landschaft geformt hat. Endlose Getreide- und Sonnenblumenfelder, Äcker und Wiesen mit weidenden Schafherden, Zypressenalleen und alte Bauernhöfe, kahle Lehmhügel und trockene Erosionslandschaft prägen das Bild - nicht Weinberge, Olivenhaine und dichte Eichenwälder wie im Rest der Toskana.

MAGISCHE AUGEN- UND AUSBLICKE

Die Landschaft nimmt einen sofort in Beschlag. Karg und beinahe geizig auf der einen Seite, ändert sie immer wieder ihr Gesicht und wird bisweilen im Wechsel der Töne und Farben sogar weich und lieblich. Die Winter sind hier kalt, grau und rau. Das Frühjahr hingegen besticht mit einer bunten Vielzahl von Farben, frisch und wärmend und voller Leben ... bis hinein in den Sommer, der mit Hitze und Trockenheit die Äcker und Felder in eine goldbraune Steppenlandschaft verwandelt. Der Herbst wartet dann wieder mit bunten Farbtupfern und herrlichen Lichtspielen auf, bevor sich das Jahr allmählich zu Ende neigt.

DAS KLOSTER MONTE OLIVETO MAGGIORE

Der Rechtsgelehrte Bernardo Tolomei, Angehöriger einer bedeutenden Familie aus Siena, zog sich im Jahr 1313 in die Gegend zurück und gründete gemeinsam mit zwei Gleichgesinnten das Kloster Monte Oliveto Maggiore. 1344 wurde der neue Orden vom Papst bestätigt.

12

1348 allerdings starben der Klostergründer Bernardo und rund 80 seiner Mitbrüder an der Pest.

Die Klosteranlage, einsam auf einer mit Zypressen bewachsenen Hochebene am Rande der Crete gelegen, wurde zwischen 1387 und 1514 errichtet und entwickelte sich schon bald zu einem der wichtigsten und größten Klöster der Zeit. Im 15. Jahrhundert wurde die eindrucksvolle Klosterkirche im klassischen Stil der großen Benediktinerabteien gebaut. Das prachtvolle und mit Einlegearbeiten verzierte **Chorgestühl** ist ein besonderes Meisterwerk. Luca Signorelli und Giovanni Antonio Bazi, genannt Sodoma, gestalteten im berühmten Kreuzgang einen herrlichen **Freskenzyklus** mit der Geschichte des heiligen Benedikts von Nursia. Die 36 wandhohen Fresken zählen zu den schönsten der Renaissance. Bei der Klosterbesichtigung stechen das **Refektorium** und die großartige **Bibliothek** hervor, ebenso die großzügig, rund um das Kloster angelegten **Parkanlagen**.

Tipp

Etwas südlich des Klosters Monte Oliveto Maggiore erwartet das idyllische San Giovanni d'Asso seine Besucher mit einer imponierenden mittelalterlichen Burganlage aus dem 12. Jahrhundert. Sie ist Sitz des ersten italienischen Trüffel-Museums. Das »Museum der Sinne« gibt auf 250 Quadratmetern interessante Einblicke in die Welt der köstlichen Knolle und lädt zu einer Reise ins Zentrum des Pilzes.

WER ZEIT HAT, dem empfehlen wir nach dem Besuch im Trüffelmuseum eine Wanderung zum Bosco della Ragnaia nach Chiusure. Von dem Grenzposten, der im 13. Jahrhundert von Siena errichtet wurde, hat man einen herrlichen Ausblick über die Crete und das Kloster Monte Oliveto Maggiore.

EINE LIEBENSWERTE STADT

Asciano, eine Gemeinde mit 7000 Einwohnern, liegt 25 Kilometer südöstlich von Siena im Herzen der Crete Senesi zwischen den Colli del Lecceto und dem oberen Tal des Flusses Ombrone. In dem Gebiet siedelten schon Etrusker ab dem 5. Jahrhundert v. Chr., wie die Nekropolen von Poggio Pinci und die Grabhügel von Molinello beweisen.

Das Kloster Monte Oliveto Maggiore am Rande der Crete

Trotz der jüngsten Entwicklung und Ausdehnung der Stadt hat das historische Zentrum von Asciano seine lebendige, mittelalterliche Struktur erhalten und sein malerisches Aussehen bewahrt. Sehenswert ist im Zentrum das **Museum** mit Werken von Amos e Giuseppe Cassioli, Francesco Nenci, Giuseppe Mussini, Angelo Visconti und Pietro Aldi. Einen Besuch lohnen die **Basilika di Santa'Agata** aus dem 11. Jahrhundert sowie die Kirche **San Francesco** aus dem 13. Jahrhundert, der **Palazzo del Podestà** und die Brücke **Ponte Garbo**.
Mit Asciano verbindet sich eine weitere kleine Anekdote: Dante Alighieri erzählt im Inferno seiner »Göttlichen Komödie« von einem Caccia d'Asciano, der sein Vermögen innerhalb kürzester Zeit verschleudert. Caccia lässt seine Speisen mit Goldmünzen als Dekoration zubereiten, die er beim Essen gleich Olivenkernen ausspuckt.

MONTE OLIVETO MAGGIORE. Klosterladen mit Spezialitäten aus dem Kloster: Weine, Olivenöl, Liköre, Bier, Getreide, Kräuter … Asciano, Tel. +39 0577/70 72 58, monteolivetomaggiore.it
ABBAZIA SAN GALGANO. In der Einsiedelei von Montesiepi lädt ein kleiner Klosterladen zum Kauf von heimischem Honig, Kräuterprodukten und Likören. Strada Provinciale di San Galgano, Chiusdino, Tel. +39 0577/75 67 38, sangalgano.info

Endlose Getreide- und Sonnenblumenfelder, Äcker und Wiesen ...

LA BOTTEGHINA DI GALOTTA LUISA. Wunderbarer Delikatessenladen mit einer großen Auswahl von Produkten aus der Umgebung. Verkauf und Verkostung. Corso Matteotti 56, Asciano, Tel. +39 0577/71 81 75

IM SCHATTEN DES KLOSTERS

Imposant und beinahe tausend Jahre alt ist die Klosteranlage Antico Borgo di Torri des kleinen, geschichtsträchtigen Ortes Torri im Hügelland 15 Kilometer südlich von Siena. Wie fast überall in der Region hat auch diesen Weiler das Mittelalter geformt und geprägt.

Die ältesten Spuren der mächtigen Abtei der Vallombrosaner, der 1039 von Giovanni Gualberto gegründeten Eremitengemeinschaft, gehen zurück auf das Jahr 1069. Das Herz der Anlage ist der beeindruckende Kreuzgang Chiostro di Torri. Quadratisch angelegt, gliedert er sich in drei übereinander angelegte Arkadengänge. Romanik und Gotik verbinden sich hier in eleganter Art und Weise. Der älteste und erste Teil geht zurück auf das Jahr 1189 und ist mit weißem, rotem und schwarz-grünem Marmor ausgestaltet.

Seine Glanzzeit erlebte das Kloster im 13. Jahrhundert, dann ging es langsam bergab. 1446 starb der letzte offizielle Abt. Ende des 15. Jahrhunderts ging die Anlage in den Besitz der einflussreichen Familie Piccolomini über, die das Kloster in einen stattlichen Wohnsitz umgestaltete.

12

MITTELALTERLICHER CHARME

Das Dorf **Torri** entstand im Umkreis der Klosteranlage und strahlt noch heute seinen intakten mittelalterlichen Charme aus. Vom nahen Fluss Merse aus führt eine lange Zypressenallee bis zum Stadttor. Torri selbst ist in der unberührten Natur der Umgebung verwurzelt und lässt seine Geschichte auf Schritt und Tritt greifen und fühlen. Am Hauptplatz erinnert noch der große Backofen an vergangene Zeiten: Hier wurde jahrhundertelang für die gesamte Dorfgemeinschaft das Brot gebacken.

RISTORANTE IL GRILLO MORO. Einladender Platz mitten in der Natur, mit großem Garten und leckeren Grillspezialitäten. Aeroporto di Ampugnano Siena/Sovicille, Tel. +39 0577/39 35 33, casadicampagnatoscana,com

OSTERIA IL RISTORO. Ein nettes Landgasthaus mit bodenständiger Hausmannsküche. Es gibt auch belegte Brote und ein Glas Wein. Via Corsano Grotti 574, Ville di Corsano/Monteroni d'Arbia, Tel. +39 0577/37 79 12, osteriailristoro.it

ZWISCHEN HIMMEL UND ERDE

Die Klosterruine **Abbazia San Galgano** zählt zu den meistbesuchten mittelalterlichen Kultstätten der Toskana. Einmalig ist der grüne – im Frühling mit Gras bewachsene – Boden der Kirche, bezaubernd der klare Sternenhimmel, der nachts als Gewölbe die Kirchenmauern überspannt. Der Ort strahlt eine unvergleichbare Harmonie und Einheit zwischen Himmel, alten Steinmauern und Erde aus.

Der heilige Galgano erblickte 1148 in Chiusdino als Spross eines kleinen Adelsgeschlechtes das Licht der Welt. Auf einer Reise erschien ihm der Erzengel Michael und lud ihn ein, ihm auf den Monte Siepi zu folgen. Dort traf Galgano die zwölf Apostel und den Schöpfer und blieb an diesem heiligen Ort als Einsiedler. Als er kein Holz für ein Kreuz fand, rammte Galgano sein Schwert in den Boden. Dessen Griff wurde zu seinem Kreuz. Zwischen 1182 und 1185 errichteten Gläubige vor Ort die Einsiedelei von Montesiepi rund um die kreisförmige Rotonda di San Galgano. Das romanische Mausoleum mit dem Grab des Heiligen und dem Felsen mit seinem Schwert war ein für die damalige Zeit einmaliges Bauwerk, dessen Form vom Pantheon in Rom inspiriert war. Aus Platzgründen entschlossen sich die Zisterziensermönche 1218, eine neue Abtei zu erbauen. Um 1230 war bereits ein großer Teil der neuen Klosteranlage bezugsfertig. Die Mönche von San Galgano machten aus ihrem Kloster schon bald eines der wichtigsten wirtschaftlichen und kulturellen Zentren der Gegend.

Ab dem 14. Jahrhundert wendete sich aber das Blatt. Die Hungersnot von 1328 und die Pest von 1348 trafen das Kloster hart. Die Anlage wurde mehrmals geplündert. 1474 errichteten die Mönche in Siena den Palazzo di San Galgano und übersiedelten in die Hauptstadt. Die Abtei verfiel ab dem 15. Jahrhundert zusehends und wurde zu einer großen Steinwüste. Beeindruckend erheben sich heute die nackten Außenmauern der Klosterkirche in den Himmel.

Tipp

Bei einem nächtlichen Besuch in der Abtei San Galgano kann in der Kirche die geballte Kraft und Mystik des Ortes unter freiem Sternenhimmel intensiv erlebt werden. Das Kloster ist aus diesem Grund an besonderen Tagen bis 23 Uhr geöffnet – vor allem bei den diversen Konzerten und Veranstaltungen, die hier angeboten werden.

◀ Eingang zur Abbazia Monte Oliveto Maggiore ▶ Erfolgreiche Trüffelsuche

AUF EINEN BLICK

Info

STADT/REGION: Crete und Umgebung
BESTE REISEZEIT: ganzjährig
OPTIMALE REISEDAUER: 2–3 Tage
TOURISTINFO: Ufficio Turistico Crete Senesi, Corso Matteotti 122, Asciano, Tel. +39 0577/71 95 24, ufficio-turistico-crete-senesi.business.site

NICHT VERSÄUMEN

CRETE SENESI: cretesenesi.com
MONTE OLIVETO MAGGIORE: Asciano, Tel. +39 0577/70 72 58, monteolivetomaggiore.it
MUSEO DEL TARTUFO: Piazza Gramsci 1, San Giovanni d'Asso, Tel. +39 0577/80 32 68, museotartufo.museisenesi.org
BOSCO DELLA RAGNAIA: laragnaia.com
ASCIANO: comune.asciano.siena.it
ANTICO BORGO DI TORRI: comune.sovicille.siena.it
ABBAZIA SAN GALGANO: Strada Provinciale di San Galgano, Chiusdino, Tel. +39 0577/75 67 38, sangalgano.info

In der Altstadt von Buonconvento

PARCHEGGIO BUONCONVENTO

ADRESSE: Piazza Giuseppe Garibaldi, Buonconvento, comune.buonconvento.siena.it
GPS: 43.13912, 11.48266
Gebührenpflichtiger Stellplatz für 4 Mobile in Buonconvento. Der Stellplatz liegt auf einem teilweise schattigen Parkplatz mit geschottertem Untergrund. Ganzjährig nutzbar.

Pasta mit frisch gehobeltem Trüffel

MONTALCINO & SANT'ANTIMO

In der Hochburg des Brunello

Weingut an der Strada del Brunello di Montalcino

13

Auch wenn der 500-Seelen-Ort Montalcino südlich von Siena mit etruskischen Wurzeln und einer Geschichte aufwarten kann, die mit vielen Hochs und Tiefs jener der meisten anderen Städte in der Toskana ähnelt: Seine Berühmtheit verdankt er mit Sicherheit seinem Wein. International glänzt sein Name durch den legendären Brunello di Montalcino.

Das ruhige Städtchen liegt auf einem 564 Meter hohen Hügel und profitiert heute von einem ausgeprägten Weintourismus. Stadtmauern aus dem 13. Jahrhundert umgrenzen den historischen Ortskern mit dem klassizistischen Dom San Salvatore, der Piazza del Popolo und dem Palazzo dei Priori, heute Sitz des Consorzio del Vino Brunello. Die gewaltige Fortezza mit sechseckigem Hauptturm wurde um 1360 von den Sienesen erbaut und thront majestätisch am höchsten Punkt der Stadt. In der Enoteca della Fortezza kann eine große Auswahl der Weine von Montalcino verkostet werden.

Dass Montalcino hervorragende Lagen für den Qualitätsweinbau vorweisen kann, ist spätestens seit dem Mittelalter bekannt. Der Dominikanermönch Leandro Alberti schrieb in seiner 1550 in Bologna veröffentlichten »Descrittione di tutta Italia«, dass die Stadt »sehr häufig wegen ihrer guten Weine erwähnt wird, die auf ihren lieblichen Hügeln wachsen«.

DER BRUNELLO DI MONTALCINO

Die Bezeichnung Brunello taucht erstmals um die Mitte des 19. Jahrhunderts auf und ist eng mit der Familie Biondi-Santi verknüpft. Gekeltert wird der Wein aus der Sangiovese-Traube, die in der Gegend von Montalcino auch Sangiovese Grosso oder wegen der intensiv dunklen Farbe ihrer Beeren Brunello genannt wird. Clemente Santi ist der eigentliche Vater des Brunello. 1865 kelterte er entgegen der örtlichen Tradition seine Sangiovese-Trauben sortenrein als Brunello ein und erhielt dafür bei der Landwirtschaftsmesse 1869 prompt eine Silbermedaille.

Das war die Geburtsstunde des Brunello di Montalcino. Clemente Santis Neffe Ferruccio Biondi-Santi züchtete auf seinem Gut Il Greppo eigene Klone der Rebsorte. Weitere adelige Weinbaufamilien von Montalcino wie die Costanti, Alassi oder Anghirelli folgten dem Beispiel. Der Wein blieb aber über Jahrzehnte nur ein exklusives Nischenprodukt für wenige Liebhaber.

13

Der richtige Durchbruch gelang dem Brunello erst 1966 mit der Einführung der geschützten Ursprungsbezeichnung **»Denominazione di Origine Controllata«, DOC**. Ein Jahr später wurde das Consorzio del Vino Brunello di Montalcino gegründet. 1980 erhielt der Wein als erster in Italien die **»Denominazione di Origine Controllata e Garantita«** – die kontrollierte und garantierte Ursprungsbezeichnung DOCG. 1998 wurden die Schutzbestimmungen ein letztes Mal abgeändert: Die Mindestdauer für den Ausbau im Fass wurde von drei auf zwei Jahre reduziert. Vom Jahrgang 1980 kamen an die 65.000 Flaschen Brunello auf den Markt. Heute werden im Durchschnitt jährlich über sieben Millionen Flaschen produziert.

TIPPS ZUM BESUCH VON WEINGÜTERN IN MONTALCINO:

- Biondi Santi, biondisanti.it
- Caparzo, Loc. Caparzo, caparzo.com
- Corte Pavone, loacker.bio
- Capanna, Loc. Capanna, capannamontalcino.com
- Il Poggione, tenutailpoggione.it
- Lisini, S. Angelo in Colle, lisini.com
- Talenti, S. Angelo in Colle, talentimontalcino.it
- Tenute Nardi, tenutenardi.com

◀ Ausblicke über Montalcino ... ▶ ... und die Weingüter von Banfi

Agriturismo Il Cocco in Montalcino – mit gebührenpflichtigem Stellplatz

Tipp

Wer noch mehr wissen möchte: Im stilvollen historischen Ambiente der Enoteca la Fortezza kann man sich ausführlich über den Brunello informieren. Die Weine von Montalcino können dort außerdem verkostet und natürlich auch direkt vor Ort gekauft werden (Piazzale Fortezza, Tel. +39 0577/84 92 11, enotecalafortezza.com).

OSTERIA PORTA AL CASSERO. Einladend einfaches Lokal in der Nähe der Fortezza. Spezialitäten: hausgemachte Pasta und Gerichte aus der Gegend. Via della Libertà 9, Tel. +39 0577/84 71 96

ENOTECA OSTERIA OSTICCIO. Käse, Salami, toskanische Spezialitäten und eine große Auswahl an Weinen in gemütlichem Ambiente. Via Matteotti 23, Tel. +39 0577/84 82 71, osticcio.it

UOVA E FARINA. Hausgemachte Pasta und Pasticceria, Süßspeisen und Produkte aus der Gegend. Piazza del Popolo 29, Tel. +39 347/421 40 91, uovaefarina.com

MACELLERIA MARCONI. Nicht nur Fiorentina gibt es in der Qualitätsmetzgerei mit eigenem landwirtschaftlichem Betrieb. Via Mazzini 40, Tel. +39 0577/84 87 29

DIE ABBAZIA DI SANT'ANTIMO

Zehn Kilometer südlich von Montalcino trifft man in Richtung Castelnuovo dell'Abate auf eines der beeindruckendsten sakralen Gebäude der Toskana: die Abbazia di Sant'Antimo. Sie ist ein außerordentliches Zeugnis der romanischen Architektur und des Geisteslebens im Mittelalter. Wie überall rankt sich auch hier eine **Legende um die Entstehung** der Abtei. Ihr zufolge kam Karl der Große im Jahr 781 auf dem Rückweg von Rom über die Via Francigena in die Gegend. Um die Pest zu vertreiben, die sein Heer in der Val

Abbazia di Sant'Antimo: ein grandioses Zeugnis der romanischen Architektur

d'Orcia dezimierte, gelobte der Kaiser, hier ein Kloster zu Ehren der Heiligen Antimus und Sebastian zu erbauen. Sein Nachfolger Ludwig der Fromme übertrug 814 der nunmehr kaiserlichen Abtei des Benediktinerordens neue Grundstücke und Privilegien. 1118 begann Abt Guidone mit dem Erlös aus der Erbschaft des Grafen Bernardo degli Ardengheschi mit dem Bau der neuen und einmaligen Kirche, die alles übertreffen sollte. Inspiriert von den Benediktinerabteien Vignory in der Champagne und Cluny in Burgund, schafften französische Künstler von höchstem Rang ein einzigartiges Kunstwerk.

Das gewaltige, aus Travertin errichtete **Kirchenschiff** kann seine französischen Vorbilder nicht verleugnen. Der Chorumgang mit seinem Kapellenkranz erinnert an Cluny. Das Hauptschiff mit dem offenen Dachgebälk besticht mit seiner schlanken Höhe von 20 Metern. Das diffuse Licht, das durch das große Biforienfenster fällt, lenkt beim Eintritt den Blick gleich auf den von sechs Säulen umgebenen **Hauptaltar** mitten im Chor. Hier bestechen eine klare monastische Schlichtheit und eine ausgeprägte ökumenische Atmosphäre. Das Spiel der Sonnenstrahlen auf den Kirchenmauern und Säulen sowie die ansteckende Stille versetzen in eine andere, längst vergangene, mystische Welt.

Nach ihrer Gründung stieg die Abtei von Sant'Antimo in kürzester Zeit zu einem der **einflussreichsten Zentren der Region** auf. Die Äbte regierten über das ganze Gebiet von Montalcino bis hinein in die Maremma, trieben Steuern ein und saßen als kaiserliche Beamte zu Gericht. Die goldenen Jahre dauerten allerdings nicht lange an. Das machthungrige Siena eroberte 1200 die

13

Stadt Montalcino und reduzierte den Besitz des Klosters auf ein Fünftel. Der Bau der Kirche konnte nicht mehr fertiggestellt werden, die unvollendete Fassade erinnert noch heute daran. Ein allmählicher Niedergang setzte ein, bis 1462 Papst Pius II. Piccolomini die Benediktinerabtei endgültig aufhob. Erst 1979 zog nach über 500 Jahren wieder religiöses Leben in die alten Mauern ein. Französische Augustinermönche ließen sich hier nieder. Die kleine Ordensgemeinschaft ist heute vor allem in den Bereichen der Familien- und Jugendpastoral aktiv und lädt zu den verschiedensten religiösen Veranstaltungen und Feiern.

Tipp

Die Kirche von Sant'Antimo ist in den Monaten April bis September von 10 bis 18.30 Uhr (von Oktober bis März von 10.30 bis 17 Uhr) geöffnet. Siebenmal am Tag versammeln sich die Mönche zum Stundengebet und zu Gottesdiensten (täglich um 11 Uhr, sonntags um 10 Uhr), bei denen sie den gregorianischen Choral singen – ein Ereignis, das man nicht versäumen sollte.

◀ Spiel der Sonnenstrahlen im Kircheninneren ▶ Monastische Schlichtheit bei Ornamenten und Fresken

13

ZU EINEM ERLEBNIS wird eine Wanderung von Montalcino nach Sant'Antimo. Zehn Kilometer lang geht es durch Weinberge, Olivenhaine und Wälder leicht abwärts in Richtung Civitella und Villa a Tolli gen Castelnuovo dell'Abate. Unvermittelt taucht das großartige Bauwerk vor einem auf. Eingebettet in eine grüne Ebene, von Olivenbäumen und Zypressen umgeben, ragt die beeindruckende romanische Abtei in den Himmel. Übrigens: Auf der Einladung der Klostergemeinschaft von St. Antimo steht: »Auch wenn die Menschen nicht alle dieselbe Sprache sprechen, so gehen doch alle zu Fuß. Zu Fuß gehen ist eine allen Menschen gemeinsame Sprache.«

LOCANDA SANT'ANTIMO. Bodenständige toskanische Küche in einfachem und unkompliziertem Ambiente. Via Bassomondo 1, Castelnuovo dell'Abate, Tel. +39 0577/57 28 58, locandasantantimo.it

Das ruhige Städtchen Montalcino liegt auf einem 564 Meter hohen Hügel.

AUF EINEN BLICK

Info

STADT/REGION: Montalcino
BESTE REISEZEIT: März–November
OPTIMALE REISEDAUER: 1–2 Tage
TOURISTINFO: Proloco di Montalcino, Costa del Municipio 1, Montalcino, Tel. +39 0577/84 93 31, prolocodimontalcino.com

NICHT VERSÄUMEN

FORTEZZA: Freier Eintritt, in den Sommermonaten von 9–20 Uhr geöffnet. Piazzale Fortezza, Montalcino, Tel. +39 0577/84 92 11, prolocodimontalcino.com

MUSEI DI MONTALCINO: Kunst und Archäologie der Gegend im ehemaligen Kloster Sant'Agostino in Montalcino. Via Ricasoli 31, Montalcino, Tel. +39 0577/84 60 14, prolocodimontalcino.com

ABBAZIA DI SANT'ANTIMO: Località Castelnuovo dell'Abate, Montalcino, Tel. +39 0577/28 63 00, antimo.it

CONSORZIO DEL VINO BRUNELLO DI MONTALCINO: Informationen und Wissenswertes rund um den Brunello di Montalcino. Via Boldrini 10, Montalcino, Tel. +39 0577/84 82 46, consorziobrunellodimontalcino.it

AGRITURISMO IL COCCO IN MONTALCINO

ADRESSE: Strada Comunale della Villa a Tolli, Montalcino, Tel. +39 347/080 97 12, ilcocco.it

GPS: 43.02380, 11.49809

Gebührenpflichtiger Stellplatz für 10 Mobile in Montalcino. Der Stellplatz liegt am Waldrand und an einem Bauernhof. Teilweise unebener, teilweise schattiger Platz. Geschotterter Untergrund mit Wiese. Am Platz: Restaurant. Stellplatz beleuchtet. Strom, Wasser, WC, WLAN im Übernachtungspreis enthalten. Saison von Anfang April bis Ende Oktober.

Stellplatz Agriturismo Il Cocco

PIENZA

Juwel der Renaissance

Pienza – Vorzeigestadt der Renaissance des 15. Jahrhunderts

14

Pienza liegt im Herzen der Provinz Siena in einer der schönsten Gegenden Italiens. Seinen Namen und seine Berühmtheit verdankt der Ort einem einzigen Menschen: Enea Silvio Piccolomini. Der spätere Papst Pius II. wird in Pienza geboren und lässt das verschlafene bäuerliche Nest zu seiner Idealstadt umbauen.

Die kleine befestigte Ortschaft an der römischen Via Cassia trug bis ins Jahr 1462 den Namen Corsignano. Die Häuser und Palazzi sind längs der Hauptstraße, dem heutigen Corso Rossellino, zwischen den beiden Stadttoren Porta al Ciglio und Porta al Prato angesiedelt. 1405 erblickte hier Enea Silvio Piccolomini als Spross einer alteingesessenen, traditionsreichen Familie das Licht der Welt. Der bedeutende Humanist, Gelehrte und Schriftsteller wurde 1458 in einem dreitägigen Konklave in Rom zum Papst Pius II. gewählt. Auf einer Reise nach Mantua im Jahr 1459 zog er durch seine ehemalige Heimatstadt. Betroffen vom zunehmenden Verfall der Ortschaft, beschloss Pius II., das alte Corsignano neu erbauen zu lassen: Eine Vorzeigestadt der Renaissance des 15. Jahrhunderts sollte hier entstehen und nach ihm selbst »Pienza« genannt werden.

IM ZENTRUM DER DOM

Der Papst verpflichtete für dieses Vorhaben keinen Geringeren als Bernardo Rossellino, einen der berühmtesten Architekten der Epoche. Im gleichen Jahr begann dieser mit dem Bau der Kathedrale im Zentrum von Pienza. Auf den Ruinen der alten romanischen Marienkirche aus dem 12. Jahrhundert errichtete Rossellino das neue Gotteshaus, eine dreischiffige, lichtdurchflutete Hallenkirche nach dem Vorbild der nordalpinen Gotik, die Pius II. auf seinen vielen Reisen in den Norden kennen und schätzen gelernt hatte. Die mit Travertin verkleidete Fassade ist ganz klassisch der Renaissance verpflichtet. Im Inneren wird das gotische Raumkonzept im Stil der toskanischen Frührenaissance fortgeführt. Die bekanntesten Künstler der Gegend gestalteten den Innenraum und die Altarbilder. Den Komplex des Gotteshauses schließt an der linken Seite des Kirchenschiffes der achteckige Kirchturm ab, der elegant und leicht in den Himmel ragt. Am 29. August 1462 weihte der Papst höchstpersönlich seinen neuen Dom ein.

14

HUMANISTISCHE STADTPLANUNG

Zentraler Ausgangspunkt der neuen humanistischen Stadtanlage ist der mit großen rechteckigen Mustern geometrisch gestaltete harmonische Hauptplatz vor dem Dom, die Piazza Comunale Pio II. Der Palazzo Pubblico, das Rathaus, steht gegenüber dem Dom, der Palazzo Borgia, der später Vescovile umgetauft wurde, säumt den Platz auf der linken Seite und der Palazzo Piccolomini auf der rechten. Der Palazzo Borgia war Wohnsitz von Kardinal Rodrigo Borgia, dem späteren Papst Alexander VI. Das beeindruckendste und größte Gebäude ist jedoch der Palazzo Piccolomini, der zwischen 1459 und 1462 von Bernardo Rossellino am Ort des ehemaligen Wohnsitzes der Piccolomini errichtet wurde. Bis 1962 wurde er von der Familie Piccolomini selbst bewohnt. Heute bildet der Palast, der zu den am besten erhaltenen der Toskana zählt, einen integrierenden Bestandteil des historischen Pienza und lädt zum lohnenden Besuch. Der berühmte, fein gestaltete Pozzo, der Travertinbrunnen vor dem Palazzo Piccolomini, wurde zum Vorbild für viele Brunnen in der Toskana.

Mit einmaliger Vielfalt besticht die Landschaft rund um Pienza.

Toskana pur: Eine Zypressenalle führt zum Bauernhaus.

WELTKULTURERBE PIENZA

In knapp vier Jahren ließ Architekt Rossellino eine neue Stadt aus dem alten Corsignano erblühen, »ein Monument zur ewigen Erinnerung an die eigenen Ursprünge«, wie Papst Pius II. schrieb. Neben mehreren weiteren Palazzi wurden in der Nähe der Porta al Ciglio auch zwölf Wohnhäuser für die arme Bevölkerung gebaut. Dann brachen die Arbeiten durch den plötzlichen Tod von Pius II. ab. Dieser starb am 15. August 1464 in Ancona beim Versuch, ein Heer gegen die Türken aufzustellen. In der Piccolomini-Bibliothek im Dom von Siena zeichnen die Fresken von Bernardino di Betto di Biagio, dem berühmten Pinturicchio, bedeutende Stationen aus dem Lebensweg des Papstes nach.
Pienza verfiel allmählich in einen Winterschlaf, geriet in die Zwickmühle zwischen Siena und Florenz und verarmte im 17. und 18. Jahrhundert. Erst um die Mitte des 20. Jahrhunderts kam neues Leben in die alten Mauern; die Stadt erwachte zu neuer Blüte und wurde ihrem Namen als »Idealstadt der Renaissance« wieder voll gerecht. Die Altstadt von Pienza wurde 1996 von der UNESCO zum Weltkulturerbe erklärt.

ARACNE – BOTTEGA TESSILE ARTIGIANA. Ob Schals, Tischwäsche oder Accessoires – hier ist alles handgewebt. Via Dogali 25, Tel. +39 333/465 44 78, aracnepienza.it

BOTTEGA DEL NATURISTA. Feinkostladen mit Pecorino aus Pienza in großer Auswahl. Corso i Rossellino 16, Tel. +39 0578/74 80 81, pecorinopienza.it

◀ Ohne Kaffeepause geht gar nichts. ▶ Lichtdurchfluteter Kreuzgang in Pienza

Tipp

Der Corso Rossellino ist die Flaniermeile von Pienza. Hier trifft man auf viele kleine Boutiquen, Feinkostläden und Önotheken. Ein schöner Spazierweg führt rund um die Stadtmauer hinter dem Dom. Von dort präsentiert sich ein wunderschöner Weitblick auf die toskanische Hügellandschaft des Orcia-Tales bis hin zum Bergmassiv des Monte Amiata.

PECORINO DI PIENZA

Der Pecorino oder Cacio aus Pienza ist für seinen hervorragenden Geschmack bekannt. In den 1960er-Jahren haben Landflucht und die Aufgabe vieler Güter sowie der Zuzug von sardischen Schafhirten den Käse teilweise verändert. In seiner klassischen Form aber ist der echte Pecorino aus Pienza eine unvergleichliche Delikatesse mit einzigartigem Charakter. Die häufigsten autochthonen Sorten, die in Pienza angeboten werden, sind der Cacio di Pienza, der Cacio rosso e nero di Pienza und der Marzolino di Pienza.

Am ersten Sonntag im September findet in Pienza alljährlich die **Fiera del Cacio pecorino**, das »Fest des Pecorino-Käses«, statt. Dabei kleidet sich die Hauptstadt des Cacio ganz in Duft und Farbe des berühmten Käses.

14

RISTORANTE DARIA. Qualität, Produkte der Region, Gastfreundschaft und eine innovative Küchentradition stehen bei Hausherrin Daria im Mittelpunkt. Via San Luigi 3, Monticchiello di Pienza, Tel. +39 0578/75 51 70, ristorantedaria.it

AGRITURISMO LA COLLINA DI PIENZA. Produkte aus der eigenen Landwirtschaft, gemütliches Ambiente und bodenständige Küche. Podere Fornaci 46, Località Ponticelli, Tel. +39 0578/74 91 24, lacollinadipienza.it

TRATTORIA FIORELLA. Authentischer geht es nicht. Liebevoll eingerichtet, familiärer Service und bodenständige Küche. Via Condotti 11, Tel. +39 0578/74 90 95, trattoriadafiorella.it

KLOSTER SANT'ANNA

Vor den Toren von Pienza liegt Sant'Anna in Camprena auf einem kleinen Hügel zwischen der Val d'Orcia und den Crete Senesi, beinahe versteckt in einer traumhaft und geheimnisvoll verwachsenen Naturlandschaft. Der heilige Bernardo Tolomei hatte zwischen 1324 und 1334 das Kloster für den Benediktinerorden gegründet. Mehrere Um- und Erweiterungsbauten im Lauf der Jahrhunderte prägen das Bild der heutigen, in einigen Teilen etwas vernachlässigten Anlage - aber vielleicht macht gerade dies ihren besonderen Charme aus. Sehenswert sind im Refektorium die Fresken, die die Geschichte des Ordens sowie Szenen aus der Bibel zeigen. Sie wurden von Antonio Bazzi, auch »Sodoma« genannt, in den Jahren 1502 und 1503 gemalt.

◀ Frische, hausgemachte Pasta ▶ Crespelle mit Zucchini und Pecorino

14

Übrigens: Nach der Romanvorlage von Michael Ondaatje verfilmte der britische Regisseur Anthony Minghella 1996 »Der englische Patient« mit Ralph Fiennes, Juliette Binoche, Willem Dafoe und Kristin Scott Thomas in den Hauptrollen. Einer der Hauptschauplätze des mit neun Oscars ausgezeichneten Films ist … das Kloster Sant'Anna in Camprena!

Tipp

Sant'Anna in Camprena sollte man einfach auf sich wirken lassen: die Ruhe und den Frieden der umliegenden Natur, die verborgene und dennoch greifbare Geschichte, die bewegenden Bilder aus »Der englische Patient« … Das Kloster kann besichtigt werden. Seit einigen Jahren lädt zudem ein einfacher, aber gepflegter und gastfreundlicher Agriturismo nach Sant'Anna in Camprena.

Aussicht: Parkanlage mit Weitblick in Pienza

AUF EINEN BLICK

Info

STADT/REGION: Pienza
BESTE REISEZEIT: März–November
OPTIMALE REISEDAUER: 1–2 Tage
TOURISTINFO: Ufficio Informazioni Turistiche Pienza, Corso Il Rossellino 30, Pienza, Tel. +39 0578/74 99 05, comune.pienza.si.it

NICHT VERSÄUMEN

DUOMO SANTA MARIA ASSUNTA: comune.pienza.si.it
MUSEO DIOCESANO: Museum für sakrale Kunst. Corso Il Rossellino 30, Palazzo Borgia, Pienza, Tel. +39 0578/74 99 05, palazzoborgia.it
PALAZZO PICCOLOMINI: Piazza Pio II, Pienza, Tel. +39 0577/28 63 00, palazzopiccolominipienza.it
KLOSTER SANT'ANNA IN CAMPRENA: Agriturismo Sant'Anna in Camprena, Località Sant'Anna in Camprena, Pienza, Tel. +39 0578/74 80 37, camprena.it

Trattoria Da Fiorella in Pienza

PARCHEGGIO PUBBLICO PIENZA

ADRESSE: Via Mario Mencattelli, Pienza, comunedipienza.it
GPS: 43.08535, 11.67849
Gebührenpflichtiger Stellplatz für 10 Mobile am Ortsrand von Pienza. Überwiegend ebener, teilweise schattiger Platz. Befestigter Untergrund. Am Platz: Frischwasser, Entsorgung Grauwasser, Entsorgung Chemie-WC. Bezahlung: Parkscheinautomat. Ganzjährig nutzbar.

Rastplatz bei Pienza

BAGNO VIGNONI & MONTE AMIATA

Die Kraft des Wassers und der Berge

Die Piazza delle Sorgenti, der »Platz der Quellen«, in Bagno Vignoni

15

Dörfer und Städte werden normalerweise rund um die Kirche oder um den Dorfplatz herum errichtet. Im geschichtsträchtigen Thermalkurort Bagno Vignoni ist man nach anderen städtebaulichen Kriterien vorgegangen: Sein Zentrum bildet das große Thermalbecken mit den heilenden Warmwasserquellen. Der Monte Amiata ganz in der Nähe, die höchste Erhebung der Toskana, lädt auf eine Entdeckungsreise in eine verzauberte Landschaft.

Bagno Vignoni zählt wohl zu den romantischsten und am besten erhaltenen Weilern in der Toskana. Das gerade mal knapp 30 Einwohner zählende Dorf ist eine Fraktion von San Quirico d'Orcia und liegt im Herzen des Naturparks Val d'Orcia. Der Name Vignoni stammt vom gleichnamigen Schloss aus dem 11. Jahrhundert, dessen Spuren sich noch heute oberhalb der Ortschaft befinden.

DER »PLATZ DER QUELLEN«

Der Hauptplatz von Bagno Vignoni ist nicht gepflastert. Seine **Piazza delle Sorgenti**, der »Platz der Quellen«, ist mit 52 Grad heißem, schwefelhaltigem Wasser gefüllt - seit über 500 Jahren. Unverändert geblieben ist auch das gesamte Erscheinungsbild des kleinen Zentrums. Das große, rechteckige Becken aus dem 15. Jahrhundert wird auf drei Seiten von einer Mauer umgrenzt. Es fasst die **Thermalquellen**, die aus 1000 Meter Tiefe sprudeln und von dem nahe gelegenen erloschenen **Vulkan Monte Amiata** gespeist werden.

Die Piazza delle Sorgenti säumen einige Gebäude des berühmten Florentiner Architekten Bernardo Rossellino. Der Erbauer von Pienza hat sie im Andenken an Papst Pius II. errichtet. Daneben faszinieren der Bogengang der Katharina von Siena, zu dem eine der Heiligen geweihte Kapelle gehört, und die restaurierten Fresken in der Pfarrkirche zum Heiligen Johannes dem Täufer, die Ventura Salimbeni zugeschrieben werden.

BERÜHMTE KURGÄSTE

Als Thermalort bekannt wurde Bagno Vignoni im Mittelalter, um die heilende Wirkung des Thermalwassers aus der Gegend wussten aber bereits die Etrusker und die Römer. Ganz in der Nähe führte die historische Via Francigena vorbei, auf der alljährlich Tausende von Reisenden von Canterbury aus nach Rom pilgerten. Ein wohltuendes Bad und eine entspannende Erfrischung waren da sicherlich nicht fehl am Platz, wie Michel de Montaigne um 1581 in seinem Reisetagebuch vermerkt hat. Berühmte Persönlichkeiten wie Katharina von Siena und Papst Pius II. reisten wiederholte Male zur Erholung an.

Tipp

Die heilende und reinigende Wirkung des bikarbonat-, alkali- und sulfathaltigen, leicht radioaktiven Wassers ist wissenschaftlich nachgewiesen. In Verbindung mit seiner wohltuenden Wärme von 52 Grad entfaltet es eine positive Wirkung auf den gesamten Organismus, besonders auf die Haut, die Knochen und Gelenke, und dient zur Behandlung von Erkrankungen der oberen Atemwege und von Frauenleiden.

Im Albergo le Terme an der Piazza delle Sorgenti sind die Thermalanlagen öffentlich zugänglich. Eine Vormerkung für die Benutzung sowie für die verschiedenen Behandlungen wird empfohlen. 300 Meter vom verträumten Zentrum entfernt lässt das Adler Thermae Spa & Relax Resort in einem ehemaligen Travertin-Steinbruch mit eigener Thermalquelle die überlieferte Kurtradition in einem mondänen und naturnahen Rahmen weiterleben.

OSTERIA DEL LEONE. Gemütliche Osteria nahe der Piazza, mit Garten und kreativer Val-d'Orcia-Küche. Via dei Mulini 3, Bagno Vignoni, Tel. +39 0577/88 73 00, osteriadelleone.it

L'OSTERIA DEL PORCELLUM. Stefano und Marino servieren in ihrer netten Osteria klassische Gerichte der Toskana. Piazza delle Sorgenti 6, Bagno Vignoni, Tel. +39 0577/88 70 32, osterialocandaporcellum.it

DIE HÖCHSTE ERHEBUNG DER TOSKANA

Der **Monte Amiata** besticht durch seine imposante Größe, Weichheit und Weite. Beinahe lieblich streckt er im Grenzgebiet der Provinzen Siena und Grosseto zwischen dem Orcia-, Paglia- und Fiora-Tal seine Ausläufer bis in die Maremma im Westen und in das sanfte Hügelland von Siena im Osten.

▲ Auf der Piazza delle Sorgenti ▼ Thermalwasserleitungen in Pienza
▶ Historische Osteria del Leone – mit kreativer Val-d'Orcia-Küche

Mit 1778 Meter Höhe ist der erloschene Vulkan die höchste Erhebung im Süden der Toskana. Ab 800 Meter Meereshöhe zieht sich ein grüner Waldgürtel bis hinauf zum Gipfel, von dem aus man eine herrliche Rundsicht über die Maremma, nach Siena und zum Lago di Bolsena genießt. Zwischen 290 und 180 Millionen Jahre ist der Berg alt; besiedelt wurde das Gebiet schon in prähistorischer Zeit. Ein Zeugnis aus einer längst vergangenen Epoche ist die berühmte **Pittura dell'Arciere**. Die Felsmalerei mit dem Bogenschützen ziert eine Höhle auf 1738 Meter Höhe.

IM PARCO FAUNISTICO DELL'AMIATA innerhalb des Naturparks Monte Labbro in den nördlichen Ausläufern nahe Arcidosso begegnen einem Hirsche und Wölfe, Rehe und Gämsen, Wildschweine und Stachelschweine. 28 Kilometer lang ist der Rundwanderweg Anello della montagna, der wie ein Ring durch die bezaubernde Waldlandschaft rund um den Berg führt (Infos zu Wanderführern gibt es unter monteamiata.it/guide-monte-amiata.aspx).

Entspannung pur: Baden in den heißen Thermalquellen von Bagno Vignoni

MITTELALTERLICHE DÖRFER UND BRÄUCHE

An die Hänge des Monte Amiata schmiegen sich alte, geschichtsträchtige Dörfer, in denen die Zeit teilweise stehen geblieben zu sein scheint. Das mittelalterliche **Abbadia San Salvatore** ist nach der gleichnamigen, um 750 errichteten Abtei benannt, die noch heute bestens erhalten und mit wertvollen Kunstschätzen bestückt ist. Ganz in der Nähe der Abtei finden sich die Höhle des Bogenschützen (Grotta dell'Arciere) und das Kirchlein dell'Ermeta.

Das Castello Aldobrandesco, die Burg des mächtigen Adelsgeschlechts Aldobrandeschi, beherrscht das ebenfalls über 1000 Jahre alte Dorf **Arcidosso**. Im pittoresken **Santa Fiora** lässt sich das mittelalterliche Leben anschaulich nachvollziehen. **Castel del Piano** ist das Zentrum des Wintertourismus. Hier kämpfen alljährlich die vier Fraktionen der Ortschaft beim historischen Turnier Palio delle Contrade um den Sieg, um Ehre und Ruhm. Auf einer Besichtigungstour starten wir in der Etruskerstadt Chiusi, fahren über Sarteano und Radicofani nach Abbadia San Salvatore, dann nach Arcidosso und Santa Fiora und weiter nach Piancastagnaio und Castel del Piano – und streifen so die interessantesten und beeindruckendsten Ortschaften am »sanften Riesen«.

15

DIE ÜBER HUNDERTJÄHRIGE BERGBAUTRADITION am Monte Amiata lebt im Bergbaumuseum von Abbadia San Salvatore fort. Im Uhrturm, der Torre dell'Orologio, werden die verschiedenen Methoden des Zinnoberabbaus und der Quecksilberherstellung, die Geologie des Gebietes, die Geschichte des Bergbaus sowie der einstige Alltag der Bergwerksarbeiter anschaulich dargestellt. Besonders spannend sind anschließend die Rundgänge in den alten Stollen der Ebene VII des Bergwerkes.

CASEIFICIO DI VAL D'ORCIA. Große Auswahl an Pecorino und Milchprodukten, auch in Bio-Qualität. Via Dell'Orcia 15, Frazione Contignano, Radicofani, Tel. +39 0578/520 12, caseificiovaldorcia.com

GIARDINO DI DANIEL SPOERRI

Anfang der 1990er-Jahre begann der Schweizer Künstler Daniel Spoerri in Seggiano am Monte Amiata einen **Skulpturenpark** anzulegen. 1997 wurde die Stiftung »Hic terminus haeret – Il Giardino di Daniel Spoerri« gegründet und eröffnet. Seitdem kann der weitläufige Park mit über 100 Installationen von mehr als 50 Künstlern von Ostern bis Ende Oktober besucht werden.

BAR & RISTORANTE »NON SOLO EAT ARTS …«. Innovatives Parkrestaurant im Giardino di Daniel Spoerri mit kleinen Snacks und typisch toskanischer Küche. Località Il Giardino, Seggiano, Tel. +39 346/944 48 69, danielspoerri.org

OSTERIA DEI LOCANDIERI. Einladendes Lokal, freundlicher Service, bodenständige Küche – mit Pizzeria. Via Trento 37, Abbadia San Salvatore, Tel. +39 0577/55 22 43, losteriadeilocandieri.it

Tipp

Eine kulinarische Besonderheit ist die autochthone Schweinerasse Cinta Senese, die bis vor einigen Jahren vom Aussterben bedroht war. Die meist frei lebenden Tiere der wiederentdeckten edlen Zuchtrasse bilden die Grundlage für erlesene Schinken und Wurstwaren, den *capocollo*, die *soppressata* und die *finocchiona*.

15

Große Bedeutung besitzen darüber hinaus Olivenöl aus den tieferen Lagen – und Wein. Das Gebiet ist in fünf Anbauzonen mit kontrollierter Ursprungsbezeichnung DOC aufgeteilt. Trebbiano bianco und Vermentino spielen bei den weißen Rebsorten die Hauptrolle, der Sangiovese bei den roten.

EIN PARK FÜR KULTUR UND NATUR

Der **Parco Artistico, Naturale e Culturale della Val d'Orcia** (Kunst-, Natur- und Kulturpark Val d'Orcia) wurde zum Schutz des Natur- und Kulturerbes der Val d'Orcia eingerichtet, das von der UNESCO zum Weltkulturerbe ernannt wurde. Das reizende Gebiet umfasst die fünf Gemeinden Castiglione d'Orcia, Montalcino, Pienza, Radicofani und San Quirico d'Orcia. Der Park fördert eine sanfte Erschließung dieses außergewöhnlichen Erbes durch einen umweltfreundlichen Tourismus. Zahlreiche Routen laden die Besucher dazu ein, das Gebiet zu Fuß zu entdecken, etwa auf der Via Francigena von Pienza bis Montichiello, über die Rundstrecke von Bagno Vignoni oder die Via Cassia von Torrenieri aus – wie die Pilger im Mittelalter.

◀ Im Parco Artistico, Naturale e Culturale della Val d'Orcia

▲ Rocca von Castiglione d'Orcia ▼ Adler-Therme in Bagno Vignoni

AUF EINEN BLICK

Info

STADT/REGION: Bagno Vignoni, Monte Amiata
BESTE REISEZEIT: März–November
OPTIMALE REISEDAUER: 1–2 Tage
TOURISTINFOS: Ufficio Turistico di Bagno Vignoni, Strada per Bagno Vignoni, San Quirico d'Orcia, Bagno Vignoni, Tel. +39 0577/88 89 75, cretesenesi.com/ufficio-turistico-di-bagno-vignoni
Ufficio Informazioni Turistiche Abbadia San Salvatore, Viale Roma 10, Abbadia San Salvatore, Tel. +39 0577/77 03 61, cittadellefiaccole.it

NICHT VERSÄUMEN

CHIESA SAN GIOVANNI BATTISTA: Bagno Vignoni. Aus dem 14. Jahrhundert, mit Fresken von Ventura Salimbeni.
THERMALBÄDER BAGNO VIGNONI: termedibagnovignoni.it, adler-thermae.com
PARCO DEI MULINI: Teils in den Kalkstein gehauene, restaurierte und geöffnete Wassermühlen unterhalb von Bagno Vignoni.
BERGBAUMUSEUM VON ABBADIA SAN SALVATORE: Via Suor Gemma 1, Abbadia San Salvatore, Tel. +39 0577/77 83 24, museuminerario.it
PARCO FAUNISTICO DEL MONTE AMIATA: Monte Amiata, Arcidosso, Tel. +39 331/365 49 27
GIARDINO DI DANIEL SPOERRI: Località Giardino, Strada Provinciale Pescina, Seggiano, Tel. +39 0564/95 05 53, danielspoerri.org
PARCO ARTISTICO, NATURALE E CULTURALE DELLA VAL D'ORCIA: parcodellavaldorcia.com

AREA SOSTA CAMPO SPORTIVO SAN QUIRICO D'ORCIA

ADRESSE: Via delle Scuole, San Quirico d'Orcia, san-quirico.com
GPS: 43.11973, 11.60920
Gebührenpflichtiger Stellplatz für 25 Mobile. Überwiegend ebener Untergrund. Frischwasser, Entsorgung Grauwasser, Entsorgung Chemie-WC. Bezahlung: Parkscheinautomat. Ganzjährig nutzbar.

AREZZO & DIE VALDICHIANA

Europäische »Urstadt« im Etruskerland

Arezzo in der Valdichiana: eine der ältesten Städte Europas

Als eine der ältesten Städte Europas blickt Arezzo auf eine viertausendjährige, wechselvolle Geschichte zurück. Dank seiner strategischen Lage im Gebiet der Valdichiana hat es im Lauf der Jahrtausende immer eine zentrale Rolle gespielt - vor allem als eines der wichtigsten Zentren des Etruskerreiches.

Älter als Alexandria in Ägypten, die Mayastadt Uxmal oder die Azteken-Hochburg Tenochtitlán in Mexiko: Arezzo übertrifft sie alle. Historiker vermuten den Ursprung des schmucken Städtchens an der Nord-Süd-Achse zwischen Florenz und Rom um das Jahr 2000 v. Chr. Damit entstand es ungefähr zur gleichen Zeit wie Ninive oder Assur in Mesopotamien im heutigen Irak.

Rund 4000 Jahre ist die Stadt alt, der 290 Meter hohe Hügel San Donato, auf dem sich Arezzo ausbreitet, war jedoch schon in vorgeschichtlicher Zeit besiedelt. Hiervon zeugen Steinwerkzeuge und die Relikte des **Uomo dell'Olmo** aus der Altsteinzeit. Gefunden wurde dieses älteste menschliche Skelett Italiens 1863 beim Bau der Bahnstrecke Rom–Florenz im Ortsteil dell'Olmo.

DIE ETRUSKISCHE CHIMÄRE

Bereits im 9. Jahrhundert v. Chr. - und damit zwei Jahrhunderte vor der Gründung Roms - gründeten Etrusker auf dem Hügel die Siedlung Aritim, die sich bald zu einem der wichtigsten Zentren des Etruskerreiches entwickelte. Während sich all die anderen Völker auf der italienischen Halbinsel erst in den ersten Entwicklungsstadien einer neuen Zivilisation befanden, zeugen Funde aus dieser Zeit von einer außerordentlichen Kultur und hochentwickelten Gesellschaftsform.

Die im 15. Jahrhundert entdeckte Chimäre aus Arezzo, eine 65 Zentimeter große Bronzeskulptur aus der Zeit um 360 bis 340 v. Chr., zählt zu den schönsten und wertvollsten Funden aus der Zeit der Etrusker. Die *chimera* ist bereits in der griechischen Mythologie ein Feuer spuckendes Raubtier mit Löwenkopf, einer Schlange als Schwanz und einem aus dem Rücken herauswachsenden Ziegenkopf, das die Menschen terrorisierte. Das außergewöhnliche Kunstwerk ist heute im archäologischen Nationalmuseum in Florenz zu besichtigen.

16

RUNDGANG DURCH DAS MITTELALTER

Geschichte, Kultur, Kunst, Handwerk und Handel sowie die Kunst des guten Lebens - **Arezzo** vereint heute all dies in seiner majestätischen Beschaulichkeit. Historische Paläste, Patrizierhäuser, Kirchen und Kapellen bilden im Ensemble der Altstadt ein wahres mittelalterliches Juwel.
Beginnen wir unseren Rundgang bei der Porta Nord der alten Stadtmauern. Gleich treffen wir auf die **Kathedrale der Heiligen Donatus und Petrus**, ein Meisterwerk der toskanischen Gotik. Den Besuch lohnt schon allein das berühmte **Magdalena-Fresko** von Piero della Francesca. Nicht minder beeindruckend ist das große Holzkreuz des jungen Cimabue in der nahen gotisch-romanischen **Chiesa di San Domenico** aus dem 13. Jahrhundert. Einige Schritte weiter treffen wir auf das mit Fresken verzierte **Geburtshaus von Giorgio Vasari**, des Architekten, Bildhauers und Hofmalers der Medici. Das Gebäude beherbergt heute ein Museum und Archiv mit Originalbriefen von Michelangelo, Papst Pius V. und Cosimo I. de' Medici. Gleich daneben lockt das Museum für mittelalterliche und moderne Kunst mit hervorragenden Werken aus dem 13. bis 19. Jahrhundert.

VESTRI CIOCCOLATO. Schokolade in allen Variationen, Süßigkeiten und Gebäck. Via Romana 161, Tel. +39 0575/90 73 15, vestri.it
LA SFOGLIA. Frische Pasta in allen Variationen. Via Marco Perennio 69/A, Tel. +39 0575/35 53 55, lasfogliaarezzo.it

DIE FESTUNG DER MEDICI

Zurück an der Kathedrale, führt der Weg nun in Richtung Prato. Der 1809 eröffnete öffentliche Park liegt zwischen dem Colle San Pietro und dem Colle San Donato, auf dem die Medici-Festung **Fortezza Medicea** thront. Hier befindet sich das alte etruskische und römische Forum von Arezzo. Heute ist der Park mit der 1928 aus weißem Marmor errichteten Statue von Francesco Petrarca ein beliebter Treffpunkt der Stadtbewohner. Francesco Petrarca, Mitbegründer des Humanismus und gemeinsam mit Dante Alighieri und Boccaccio einer der wichtigsten Vertreter der frühen italienischen Literatur, erblickte 1304 in Arezzo das Licht der Welt.
Die ab 1502 errichtete und mehrmals umgebaute und erweiterte Medici-Festung ist zum Symbol der Herrschaft von Florenz geworden. Die

◀ Denkmal vor der Basilika von Arezzo ▶ Guido von Arezzo, der Gründer der Stadt

trapezförmige, von den Brüdern Giuliano und Antonio il Vecchio da Sangallo erbaute Grundstruktur über der mittelalterlichen Zitadelle ist ein einmaliges Zeugnis der Militärarchitektur des 16. Jahrhunderts. Von hier aus öffnet sich ein herrlicher Panoramablick auf die Stadt Arezzo und die gesamte Umgebung.

MUSEO DELL'ORO ANCHE LA FONDAZIONE GUIDO D'AREZZO. Das sehenswerte Goldmuseum in der Via Fiorentina dokumentiert die Geschichte eines Handwerks, das heute in Arezzo wieder breiten Raum einnimmt.

MUSEO ARCHEOLOGICO GAIO CILNIO MECENATE. Das archäologische Museum Mecenate präsentiert wichtige Sammlungen aus der Zeit der Etrusker und Römer sowie Meisterwerke der Keramik.

CASA DI FRANCESCO PETRARCA. Mitbegründer des Humanismus und gemeinsam mit Dante Alighieri und Boccaccio einer der wichtigsten Vertreter der frühen italienischen Literatur.

DER »GROSSE PLATZ«

Unterhalb der Festung spazieren wir durch die Via dei Pileati vorbei am Palazzo Pretorio, dessen Fassade reich mit heraldischen Wappen verziert ist. Weiter führt der Weg zu den Logge del Vasari und den Resten des Palazzo del Capitano bis zur **Piazza Grande**. Der »Große Platz« beeindruckt mit seinem fast unwirklichen und doch harmonisch miteinander vereinten Gemisch aus verschiedenen Baustilen und Epochen.

Das beschauliche Cortona im Chiana-Tal zwischen Arezzo und Chiusi

Unregelmäßig und leicht geneigt öffnet sich der zentrale Platz von Arezzo. Jedes erste Wochenende im Monat belebt die große, bekannte **Fiera Antiquaria** von Arezzo, die älteste und größte Antiquitätenmesse Italiens, das Zentrum der Altstadt. Direkt an der Piazza Grande stehen der barocke Palazzo del Tribunale, der von Vasari erbaute Palazzo delle Logge und der Palazzo della Fraternità dei Laici.

KIRCHEN SATT

Unser Spaziergang geht weiter zur romanischen Kirche **Santa Maria della Pieve** mit dem Campanile delle cento buche. Der »Turm der hundert Löcher« erhielt seinen Namen aufgrund seiner mehr als 40 Fensteröffnungen. Auf der Piazza San Francesco steht die dem heiligen Franz von Assisi geweihte Basilika **San Francesco**, eine schlichte Kirche des Bettelordens der Franziskaner und wohl das wichtigste Gotteshaus der Stadt. Seinen Mittelpunkt bildet der großartige Freskenzyklus von Piero della Francesca zur »Legende vom Wahren Kreuz«. Vor den Stadtmauern laden die Reste des römischen Amphitheaters und die romanischen Kirchen **San Eugenia al Bagnoro** und **San Paolo** zum Besuch.

ANTICA FONTE. Kleines, feines Lokal, freundliche Bedienung und guter Service, lokale Gerichte in erstklassiger Qualität. Via Porta Buia 18, Tel. +39 0575/280 38

ANTICA OSTERIA L'AGANIA. Gute Lage, nettes Personal, lokale Karte mit Spezialitäten der Toskana, faire Preise. Via Giuseppe Mazzini 10, Arezzo, Tel. +39 0575/29 53 81, agania.it

BESCHAULICHE VALDICHIANA

Der Fluss Chiana entspringt im Apennin bei Arezzo und fließt 42 Kilometer bis nach Orvieto, wo er in den Tiber mündet. Das weite Chiana-Tal zwischen Arezzo und Chiusi war schon für die Etrusker und Römer eine wichtige Kornkammer. Nachdem er die Alpen und den Apennin überquert hatte, versorgte sich der karthagische Feldherr Hannibal hier vor der Schlacht am Lago di Trasimeno 217 v. Chr. mit Lebensmitteln und plünderte und verwüstete dann die Gegend. Nur Cortona blieb unberührt.

Im Mittelalter versumpfte die Valdichiana zunehmend – in Leonardo da Vincis »Codice Atlantico« ist sie als großer See eingetragen. Erst im 18. Jahrhundert verlegten Ingenieure rund um den Conte Vittorio Fossombroni die Wasserscheide, legten die Sümpfe wieder trocken und verwandelten diese erneut in eine fruchtbare Landschaft.

OSTERIA DEL TEATRO. Originelle Gerichte, lokale Produkte und freundlicher Service in einem mittelalterlichen Palast. Via Maffei 2, Cortona, Tel. +39 0575/63 05 56, osteria-del-teatro.it

IL GRILLO È BUONCANTORE. Einladendes Ristorante-Pizzeria-Enoteca im historischen Palazzo Paolozzi. Piazza XX Settembre 10, Chiusi, Tel. +39 0578/201 12, ilgrilloebuoncantore.com

L. A. CHIANINA DI MANIERI. Fleisch vom Chianina-Rind gibt es in dieser Genossenschafts-Metzgerei. Via Trieste 23, Chiusi Scalo, Tel. +39 0578/211 83, carnechianina.net

VALDICHIANA OUTLET VILLAGE. Namhafte Firmen präsentieren Mode, Schuhe und vieles mehr – mit bis zu 70 Prozent Rabatt. Via Enzo Ferrari 5, Foiano Della Chiana, Tel. +39 0575/641 31 72, valdichianavillage.it

16

CASENTINO UND POPPI

Im oberen Arno-Tal liegt das Casentino zwischen den Bergen von La Verna und Camaldoli und der Bergkette des Pratomagno. Im Casentino gibt es ausgedehnte Wälder mit Kastanien, Buchen, Eichen und Tannen, die den Naturpark **Parco Nazionale delle Foreste Casentinesi** bilden. Religiöse Zentren wie das Kloster und die Einsiedelei von Camaldoli oder das Kloster von La Verna, wo der heilige Franziskus die Wundmale Christi empfangen haben soll, zeugen von einer großen Vergangenheit. Die Geschichte des Tals ist eng mit jener der Grafen Guidi aus Poppi verbunden.

Das malerische Poppi liegt 35 Kilometer nördlich von Arezzo im Tal des Casentino am Arno und ist Mitglied der Vereinigung I borghi più belli d'Italia. Poppi spielte im 13. und 14. Jahrhundert als Hauptsitz der Adelsfamilie der Guidi eine wichtige Rolle in den Geschehnissen der Toskana zwischen Arezzo und Florenz, zwischen Ghibellinen und Guelfen. Gekrönt wird Poppi durch die Burg der Grafen Guidi, die die Stadt und das Casentino beherrscht. 1441 kamen Poppi und das Casentino unter die Herrschaft der Republik Florenz.

Dante Alighieri verbrachte sein Exil im Castello di Poppi.

AUF EINEN BLICK

Info

STADT/REGION: Arezzo, Valdichiana
BESTE REISEZEIT: ganzjährig
OPTIMALE REISEDAUER: 2–3 Tage
TOURISTINFO: Arezzo Turismo, Emiciclo Giovanni Paolo II 1, Arezzo, Tel. +39 0575/182 27 70, arezzoturismo.it

NICHT VERSÄUMEN

BASILICA SAN FRANCESCO: Piazza San Francesco 1, Arezzo
MUSEO ARCHEOLOGICO GAIO CILNIO MECENATE: Via Margaritone 10, Arezzo, Tel. +39 0575/214 21, museistataliarezzo.it
MUSEO DELL'ORO ANCHE LA FONDAZIONE GUIDO D'AREZZO: Via Giorgio Vasari 6, Arezzo, Tel. +39 0575/37 74 37, fondazioneguidodarezzo.com
MUSEO DI CASA VASARI: Via XX Settembre 55, Arezzo, Tel. +39 0575/29 90 71, giorgiovasari-ticketoffice.it
CASA DI FRANCESCO PETRARCA: Via dell'Orto 28, Arezzo, Tel. +39 0575/247 00, accademiapetrarca.it
ANFITEATRO ROMANO: Via Margaritone/Via Crispi, Arezzo, Tel. +39 0575/208 82, visitarezzo.com
FIERA ANTIQUARIA: Piazza Grande, Arezzo, arezzofieraantiquaria.org
CASENTINO UND POPPI: visittuscany.com/de/gebiete/casentino

AREA CAMPER ZONA VILLAGIO ORIENTE AREZZO

ADRESSE: Via Pierluigi da Palestrina/Via Tarlati 26, Arezzo, apt.arezzo.it
GPS: 43.47264, 11.88650
Gebührenpflichtiger Stellplatz für 20 Mobile am Ortsrand von Arezzo. Der Stellplatz liegt auf einem Parkplatz mit überwiegend ebenem Untergrund. Das Zentrum ist zu Fuß erreichbar. Am Platz: Frischwasser, Entsorgung Grauwasser, Entsorgung Chemie-WC, Hunde erlaubt. Ganzjährig nutzbar.

Regenbogen-Stimmung bei Cortona

MONTEPULCIANO

Perle des 15. Jahrhunderts

Das Mittelalter hat der Weinstadt Montepulciano seinen Stempel aufgedrückt.

17

Südöstlich von Siena dominiert das 600 Meter hoch auf einer Kuppe gelegene Montepulciano mit wilder Schönheit die Region zwischen Orcia- und Chiana-Tal. Das Mittelalter hat der Stadt seinen Stempel aufgedrückt, ihre Ursprünge reichen aber auch hier bis in die Zeit der Etrusker zurück. Bereits im Jahr 715 v. Chr. wird erstmals von einer befestigten Siedlung auf dem Stadthügel berichtet.

Es sind vor allem Grenzen, die die Geschichte von Montepulciano prägen: die Wasserscheide und der strategisch wichtige Übergang vom Hügelland von Siena hinab zur Ebene des Chiana-Tales, die heiß umkämpfte Grenzlinie zwischen Siena und Florenz, das Grenzgebiet zwischen der Toskana und Umbrien … Bereits im 12. Jahrhundert gab sich Montepulciano eine eigene unabhängige Stadtverwaltung und schloss sich Florenz an. In der Zeit des Humanismus und der Renaissance erlebte die Stadt im 15. und 16. Jahrhundert eine Blütezeit in Wirtschaft, Architektur und Kunst. 1561 wurde Montepulciano zum Bischofssitz ernannt und erhielt gleichzeitig das Stadtrecht.

WEHRHAFT UND PITTORESK

Eine beeindruckende Stadtmauer und kriegerische Wehranlagen umringen die historische Altstadt, die von einer eineinhalb Kilometer langen Hauptstraße, dem Corso, durchschnitten wird. Die **Piazza Grande**, der beeindruckende Hauptplatz und das Herzstück der Stadt, kann ihre florentinischen Einflüsse nicht verbergen. Ein Musterbeispiel hierfür ist der von Michelozzo erbaute Palazzo Comunale aus dem 15. Jahrhundert. Der Palazzo Contucci gegenüber wurde für den Kardinal Del Monte errichtet. Neben dem eleganten Renaissance-Palast Nobili-Tarugi mit der edlen Travertin-Fassade hat im Palazzo del Capitano del Popolo das Consorzio del Vino Nobile seinen Sitz. Der faszinierende **Pozzo de' Grifi e dei Leoni**, der »Brunnen der Greifen und Löwen« aus dem Jahr 1520, wird Antonio da Sangallo dem Älteren zugeschrieben. Neben all dieser Anmut wirkt die Kathedrale mit ihrer unvollendeten Fassade fast etwas grob und fehl am Platz. Im Inneren aber ist allein schon der Hauptaltar mit dem Triptychon »Die Himmelfahrt Mariä« von Taddeo di Bartolo aus dem Jahr 1401 einen Besuch wert.

17

FATTORIA PULCINO. Weine, Olivenöl, Spezialitäten, Verkostungen, Kochkurse und ein einladendes Restaurant. Via di Gracciano Nel Corso 94–96, Montepulciano. Tel. +39 0578/75 87 11, fattoriapulcino.it

CASEIFICIO CUGUSI SILVANA. Alles rund um den Käse – besonders Pecorino-Spezialitäten. Via della Boccia 8, SS 146 per Pienza, Montepulciano, Tel.+39 0578/75 75 58, caseificiocugusi.it

EIN EDLER TROPFEN

Der **Nobile di Montepulciano** zählt neben dem Brunello di Montalcino und dem Chianti zu den drei großen Rotweinen der Toskana. Die Geschichte des berühmten Roten reicht zurück bis ins 13. Jahrhundert. 1685 pries Francesco Redi, Dichter und Arzt aus Arezzo, den Montepulciano als »König aller Weine«. Im 18. Jahrhundert wurde erstmals der Namenszusatz »Nobile« festgehalten. 1937 gründeten zahlreiche Weinbauern die Cantina Sociale di Montepulciano. 1966 erhielt der Nobile di Montepulciano das Prädikat DOC, die kontrollierte Ursprungsbezeichnung, und 1980 erfolgte die Krönung: Als erster Wein in Italien wurde der Nobile mit der kontrollierten und garantierten DOCG-Bezeichnung auf den Markt gebracht.
Die Rebsorte Sangiovese, hier »Prugnolo Gentile« genannt, macht mit 70 bis 100 Prozent den Löwenanteil des Weines aus. Daneben können bis zu 30 Prozent Canaiolo nero, Trebbiano und andere Rebsorten der Gegend beigemengt werden. Mindestens zwei Jahre lang muss der Wein im Fass reifen, bevor er auf den Markt kommt. Der kleinere Bruder Rosso di Montalcino kann schon nach einem Jahr genossen werden.

TIPPS ZUM BESUCH VON WEINGÜTERN:

- Avignonesi, Valiano di Montepulciano, avignonesi.it
- Bindella – Tenuta Vallocaia, Acquaviva di Montepulciano, bindella.it
- Fattoria del Cerro, Montepulciano, tenutedelcerro.it
- Poliziano, Montepulciano Stazione, carlettipoliziano.com
- Ruffino, Pontassieve, ruffino.com
- Vecchia Cantina di Montepulciano, Montepulciano, vecchiacantinadimontepulciano.com

◀ Palazzo Grande in Montepulciano ▲ Convento di San Francesco
▼ Restaurant Le Logge del Vignola

VERKOSTUNGEN UND INFOS RUND UM DEN NOBILE DI MONTEPULCIANO:
Enoliteca Consorzio Vino Nobile, Via di San Donato 21, Fortezza di Montepulciano, Tel.+39 0578/75 78 12, aziendeconsorziovinonobile.it

BRAVIO DELLE BOTTI

Montepulciano lädt alljährlich am letzten Wochenende im August mit dem Bravio delle Botti zu einem ganz besonderen Ereignis: einem historischen Wettkampf, bei dem seit über 600 Jahren alle acht Stadtteile – Cagnano, Collazzi, Coste, Gracciano, Poggiolo, San Donato, Talosa und Voltaia – gegeneinander antreten. Der Name »Bravio« kommt von *bravium* und bezeichnet ein bemaltes Tuch mit der Ikone des Stadtpatrons San Giovanni Decollato. Ihm zu Ehren wird der Wettkampf ausgetragen.
Die Herausforderung erfordert Kraft. 80 Kilogramm schwere Holzfässer müssen auf einer 1800 Meter langen, ansteigenden Strecke quer durch Montepulciano hinauf zur Piazza Grande gerollt werden. Jeweils zwei *spingitori* rennen hinter einem Fass her, schieben um die Wette und vor allem um die Ehre ihres Stadtteils. Knapp zehn Minuten braucht der Schnellste für die Strecke. Dann erhält der Sieger in einer großen Feier für ein Jahr lang als Auszeichnung den »Bravio« für seinen Stadtteil. Historische Umzüge und eine bunte Reihe von Rahmenveranstaltungen runden die Wettkämpfe ab.

17

OSTERIA DELL'ACQUACHETA. Hausgemachte Pasta und Bistecca Fiorentina auf dem offenen Feuer. Via del Teatro 22, Tel. +39 0587/71 70 86, acquacheta.eu

LE LOGGE DEL VINGOLA. Regionale Spezialitäten, tolle Weinkarte. Via delle Erbe 6, Tel. +39 0578/71 72 90, leloggedelvignola.com

BEEINDRUCKENDE PILGERSTÄTTE

Wenn wir Montepulciano in Richtung Chianciano verlassen, stoßen wir bald auf einen der beeindruckendsten Zentralbauten der Toskana: die Wallfahrtskirche **San Biagio**. Von Antonio da Sangallo dem Älteren zwischen 1518 und 1545 erbaut, wurde hier der Renaissancestil von Donato Bramante – sein nicht ausgeführter Entwurf für den Petersdom in Rom floss dabei ein – in eine architektonische Monumentalität übersetzt, die ihresgleichen sucht. Den Grundriss der Kirche bildet ein griechisches Kreuz mit fast quadratischen Ausmaßen und halbkreisförmiger Apsis. Das Innere spiegelt die äußere Erhabenheit wider und ist vorwiegend barock gestaltet.

San Biagio: einer der beeindruckendsten Zentralbauten der Toskana

AUF EINEN BLICK

Info

STADT/REGION: Montepulciano
BESTE REISEZEIT: März–November
OPTIMALE REISEDAUER: 2–3 Tage
TOURISTINFO: Pro-Loco Ufficio Turistico Montepulciano, Via di Gracciano Nel Corso 59, Montepulciano, Tel. +39 0578/75 73 41, prolocomontepulciano.it

NICHT VERSÄUMEN

PIAZZA GRANDE: Montepulciano, montepulciano.org
CATTEDRALE DELL'ASSUNTA A MONTEPULCIANO: Piazza Grande, montepulciano.org
POZZO DE' GRIFI E DEI LEONI: An der Piazza Grande zwischen Palazzo dei Nobili Tarugi und Palazzo del Capitano del Popolo, montepulciano.org
STADTMUSEUM MONTEPULCIANO: Palazzo Neri Orselli, Via Ricci 10, Montepulciano, Tel. +39 0578/71 73 00, museocivicomontepulciano.it
CONSORZIO VINO NOBILE DI MONTEPULCIANO: Palazzo del Capitano del Popolo, Via San Donato 21, Montepulciano, Tel. +39 0578/75 78 12, consorziovinonobile.it
MADONNA DI SAN BIAGIO: Via di San Biagio, Montepulciano, Tel. +39 0577/28 63 00, tempiosanbiagio.it

PARCHEGGIO 5 LO STERRO MONTEPULCIANO

ADRESSE: Piazza Pietro Nenni, Montepulciano, comune.montepulciano.si.it
GPS: 43.09762, 11.78787
Gebührenpflichtiger Stellplatz für 35 Mobile am Ortsrand von Montepulciano. Der beleuchtete Stellplatz liegt auf einem Parkplatz. Überwiegend ebener, teilweise schattiger Platz. Befestigter Untergrund. Zentrum zu Fuß erreichbar. Bezahlung: Parkscheinautomat. Wasser, Entsorgung Grauwasser, Entsorgung Chemie-WC, Hunde im Übernachtungspreis enthalten. Ganzjährig nutzbar.

Keller im Weingut Avignonesi

DIE MAREMMA

Das unberührte Herz der Toskana

Parco Regionale della Maremma, umgangssprachlich auch Parco dell'Uccellina

18

Der südlichste Teil der Toskana wird von der Maremma geprägt, einer Naturlandschaft wie aus dem Bilderbuch. Farben und Düfte, Flora und Fauna, Meer und Berge - eine Reise durch die Maremma wird in jedem Fall zu einem besonderen Erlebnis. Vor allem symbolisiert der Landstrich aber einen eigenen Lebensstil: mit Respekt vor der Umwelt, vor Natur und Kultur und der Pflege der Traditionen und des Brauchtums.

Die Maremma ist ein Landstrich voller Überraschungen. Landläufig wird heute der gesamte südliche Zipfel der Toskana als Maremma bezeichnet. Im engeren Sinn aber beginnt die Maremma im Norden beim Golf von Follonica und erstreckt sich bis zur Lagune von Orbetello am Monte Argentario. Der flache Küstenstreifen mit der Hügelkette der Monti dell'Uccellina und dem Einzugsgebiet der beiden Flüsse Bruna und Ombrone war bis vor wenigen Jahrzehnten noch ein zusammenhängendes, mit dem Meer verbundenes Sumpfgebiet.

Wenn wir es ganz genau nehmen, dann sind die Flüsse an der Entstehung dieser Sumpflandschaft schuld - vor allem der Bruna, der bei Castiglione della Pescaia ins Meer mündet, der Ombrone bei Marina di Alberese und der Albegna bei Orbetello. Im Winter führten sie mehr Wasser mit sich. Dieses konnte nicht sofort ins Meer abfließen und staute sich zurück. Die mitgeschwemmten Äste, Schutt und anderes Schwemmmaterial trugen ihr Teil bei. Und der Wind häufte dazwischen seine Sanddünen auf. Es bildeten sich weite, flache Binnenseen mit einer Mischung aus salzigem Meerwasser und Süßwasser aus den Flüssen. Wenn dann das Wasser auch im Sommer nicht mehr abfloss, entstand die perfekte Sumpflandschaft.

GROSSPROJEKT ENTWÄSSERUNG

Die Etrusker versuchten bereits einige Jahrhunderte v. Chr., das Problem in den Griff zu bekommen. Sie bauten ihre wichtigen Zentren - Roselle, Vetulonia und Populonia - zwar im sicheren Hinterland, verbanden diese aber durch die Anlage eines raffinierten Kanalsystems mit dem Meer. Dadurch gelang ihnen auch die teilweise Trockenlegung der Bucht.

Aber schon unter den Römern verfiel das Entwässerungssystem, und das Land wurde zusehends sich selbst überlassen. Die Naturgewalten erhielten wieder die Oberhand - mit weitreichenden Folgen für die Menschen. Im

18

Mittelalter sorgte die Malaria für einen drastischen Rückgang der Bevölkerung und einen entsprechenden Niedergang der nahe gelegenen Siedlungsgebiete.
Erst Großherzog Leopold II. begann mit seinem Berater Graf Fossombroni 1829 mit der groß angelegten *bonifica*. Sie umfasste die Trockenlegung der Sümpfe, die erneute Anlage eines Kanalsystems zur Ableitung der gestauten Gewässer und die Anpflanzung von Pinienwäldern zur Entwässerung. Über 5000 Mann arbeiteten an dem Großprojekt unter der Aufsicht von Ingenieur Alessandro Manetti. Eine endgültige Lösung des Problems sowie die Ausrottung der Malaria gelang aber erst in den 1930er-Jahren. Einhergehend mit diesen Bonifizierungsmaßnahmen um 1830 änderte sich die Maremma radikal. Die riesigen landwirtschaftlichen Flächen der Feudalherren wurden neu verteilt und neuen Bestimmungen zugefügt, ein völlig neues Landschaftsbild entstand.

OSTERIA IL MANGIAPANE. Unkompliziertes Ambiente, herzliche Gastfreundschaft, leckere und preiswerte Hausmannskost. Strada del Cerretale 1, Alberese, Tel. +39 340/534 57 70
LECCIO MORO. Typische Maremma-Küche, selbst gemachte Pasta und Wildgerichte. Piazza Popolo 3, Tirli, Castiglione della Pescaia, Tel. +39 0564/94 58 36, ristorantelecciomoro.it
OSTERIA LA TORRE DI POPULONIA. Netter Platz, freundlicher Service und großartige Fischgerichte. Via San Giovanni 14, Populonia, Tel. +39 0565/195 31 10
LA CANTINA DEL RITROVINO. Ein kleiner und gemütlicher Treffpunkt, für ein gutes Glas Wein und eine kleine Auswahl bodenständiger Gerichte. Via della Fonte 8, Castiglione Della Pescaia, Tel. +39 334/231 01 12, ritrovino.it

ENOTECA IL BACCHINO. Käse, Würste, Spezialitäten und große Weinauswahl.
VIA MONCINI 8, MASSA MARITTIMA, TEL. +39 0566/94 02 29
WOCHENMARKT IN FOLLONICA. Jeden Freitag in der Via Togliatti sowie jeden Vormittag im Mercato coperto in der Via Colombo.

Viehhirten, die legendären *butteri*, treiben ihre Herden über die Weiden.

DER PARCO DELL'UCCELLINA

Mediterrane Macchia bedeckt weite Teile der noch unberührten Landschaft mit ihren vielen geschützten Zonen. Von der Flussmündung des Ombrone bis nach Talamone, dem alten Hafen der Freistadt Siena, erstreckt sich über 25 Kilometer an der Küste der 8900 Hektar große **Parco Regionale della Maremma** (umgangssprachlich auch Parco dell'Uccellina) an den zum Meer abfallenden **Monti dell'Uccellina**. Sandige Dünen und naturbelassene Strände und Klippen, das weit verzweigte Delta des Ombrone, Sumpfgebiete, von Macchia bedeckte Ebene und sanfte Hügel, der schöne »großherzogliche Pinienwald« Pineta Granducale, Ackerland und Weiden – eine unbeschreibliche Vielfalt mit einem Meer von Blumen und mediterranen Sträuchern, von Düften und Farben öffnet sich dem Besucher. Hier begegnet man noch Füchsen und Dachsen, Stachelschweinen und Wildschweinen, Rehen und Damhirschen. Darüber hinaus wird hier in der Maremma eine Tradition gepflegt, die andernorts kaum mehr anzutreffen ist: die **freie Aufzucht von Rindern**, den *bovini maremmani*, und Pferden, den *cavalli maremmani*. Wie in alten Zeiten sitzen die Viehhirten, die legendären *butteri*, auf ihren Pferden und treiben ihre Herden über die Weiden. Die Maremma-Cowboys haben sich als Symbol für Freiheit und Abenteuer ganz tief in das Erscheinungsbild dieser Landschaft eingeprägt.

Das moderne Weingut Petra in Suvereto in der Maremma

DIE »UCCELLINA« kann das ganze Jahr über vom Besucherzentrum in Alberese aus gegen ein Eintrittsgeld besichtigt und erkundet werden. Dabei werden zahlreiche Wander- und Tourenmöglichkeiten – halb- und ganztägig – sowie Besichtigungsziele angeboten. Die beiden anderen Besucherzentren, im Collecchio in Magliano in Toscana und in Talamone (mit sehenswertem Aquarium), sind in den Wintermonaten geschlossen.

Tipp

Ein Aufenthalt in der Maremma drängt förmlich zu einer Entdeckungsreise durch die vielfältigen Ausdrucksformen moderner Kunst. Da ist zum einen der berühmte Giardino dei Tarocchi der französisch-schweizerischen Malerin und Bildhauerin Niki de Saint Phalle außerhalb von Capalbio. Die Künstlerin ist in Deutschland vor allem durch ihre 1974 in Hannover aufgestellten Nana-Figuren bekannt (nikidesaintphalle.com). In Boccheggiano in der Gemeinde Montieri beeindrucken an die 20 schwingende und tönende Skulpturen aus Eisen, Bronze und Kupfer im Giardino dei Suoni des Bildhauers und Klangkünstlers Paul Fuchs (paulfuchs.com). In den ehemaligen Sümpfen von Buriano in Castiglione della Pescaia lädt der Bio-Architekt und Künstler Rodolfo Lacquaniti zum Besuch in sein surreales Kunstprojekt Viaggio di ritorno (rodolfolacquaniti.com).

18

FAHRRADBEGEISTERTEN, vom Anfänger bis zum Fortgeschrittenen, bietet die Maremma zahlreiche Möglichkeiten, diese einzigartige Landschaft in Ruhe zu erkunden und kennenzulernen. Informationen zu den Strecken und Serviceeinrichtungen, Tourenvorschläge, geführte Exkursionen, Fahrradverleih und vieles mehr gibt es bei maremmabike.it.

DIE NEUE WEINKULTUR

Dass der italienische Wein heute besser denn je ist, davon sind die Fachleute überzeugt. Der radikale Wechsel der italienischen Weinwelt vom billigen Massenexportschlager sowie von einfachen Alltagsweinen im Großgebinde hin zu außerordentlicher Qualität und international gefragten Spitzenweinen mit Charakter und Charisma setzte in den 1970er- und 1980er-Jahren in der Toskana ein – mit den sogenannten **Supertuscans**. So mancher renommierte Weinproduzent in der Toskana kümmerte sich nicht mehr allzu viel um Weingesetze oder Produktionsvorschriften. Was vielmehr zählte, waren Qualität und die bestmögliche Interpretation des Territoriums.

Das kontrollierte Anbaugebiet **Bolgheri DOC** erstreckt sich parallel zu den Stränden der nördlichen Maremma und liegt auf dem Gemeindegebiet von Castagneto Carducci. Die meistangebauten Rebsorten sind Cabernet Sauvignon, Cabernet Franc und Merlot – jene Sorten, die die Erfolgsgeschichte von Sassicaia und Ornellaia schreiben.

Seit November 2006 zählt auch der **Morellino di Scansano** zu Italiens DOCG-Weinen mit geschützter und garantierter Ursprungsbezeichnung. Die Rebsorte Sangiovese wird in der Gegend um Scansano Morellino genannt. Eines der jüngsten Weinbaugebiete der südlichen Toskana – und folglich noch ganz zu entdecken – ist seit 2011 die **DOCG Montecucco Sangiovese**. Es ist ein kleines, aber feines Anbaugebiet in sieben angeschlossenen Gemeinden.

Die Gegend hat auch touristisch viel zu bieten: Mittelalterliche Dörfer wie Roccalbegna, Arcidosso oder Castel del Piano locken ebenso wie die moderne Weinarchitektur der Kellereien Collemassari oder Pieve Vecchia. Die Wein- und Genussstraße **»Strada del Vino Montecucco e dei Sapori d'Amiata«** lädt mit vielen nützlichen Tipps zum Besuch.

18

TIPPS ZUM BESUCH VON WEINGÜTERN IN DER MAREMMA:

- Antica Fattoria La Parrina, Albinia, parrina.it
- Azienda Agricola Bruni, Fonteblanda, aziendabruni.it
- Colle Massari – Tenuta di Montecucco, Cinigiano, collemassarihospitality.it
- Tenuta Podere Grattamacco, Castagneto Carducci, collemassariwines.it
- Monteverro, Capalbio, monteverro.com
- Ornellaia, Bolgheri, ornellaia.com
- Pianirossi, Cinigiano, pianirossi.it
- Cantina Rocca di Frassinello, Grosseto, castellare.it/rocca-di-frassinello
- Roccapesta, Scansano, roccapesta.com
- Tenuta Argentiera, Donoratico, argentiera.eu

◀ Verlockende Aussichten: vom Rad direkt ins Meer ▲ Die autochthone Razza Maremmana ▼ Strandidylle beim Campingplatz Sans Souci

AUF EINEN BLICK

Info

STADT/REGION: Maremma
BESTE REISEZEIT: April–November
OPTIMALE REISEDAUER: 3–4 Tage
TOURISTINFO: Ufficio Informazioni Turistiche Maremma, Monterosa 206, Grosseto, Tel. +39 0564/46 26 11, turismoinmaremma.it, maremma.guidatoscana.it

NICHT VERSÄUMEN

PARCO REGIONLE DELLA MAREMMA: Informationen, Wandervorschläge, Exkursionen und viele Tipps. Besucherzentrum: Via del Bersagliere 7/9, Alberese, Tel. +39 0564/40 70 98; Infopunkt: Via Nizza 12, Talamone, Tel. +39 0564/88 71 73, parco-maremma.it
MUSEEN UND NICHT VERSÄUMEN: Tipps zum Besuch von Museen und Sehenswürdigkeiten in der Maremma. museidimaremma.it
WEINGÜTER UND WEINSTRASSEN: bolgheridoc.com, consorziomontecucco.it
FAHRRADTOUREN IN DER MAREMMA: maremmabike.it
FOLLONICA: Einer der größten Badeorte der Toskana. follonica.com
PUNTA ALA: Schöne Strände inmitten einer traumhaften Landschaft. puntaala.net
CASTIGLIONE DELLA PESCAIA: Feine lange Sandstrände, Pinienwälder und charakteristische Gassen und Plätze prägen das Fischerdorf Castiglione della Pescaia. turismocastiglionedellapescaia.it
MASSA MARITTIMA: Mittelalterliche Stadt in grandioser Lage auf dem hügeligen Hinterland. turismomassamarittima.it

CAMPING MAREMMA SANS SOUCI

ADRESSE: Località Casa Mora, Castiglione della Pescaia, Tel. +39 0564/93 37 65, maremmasanssouci.it
GPS: 42.77086, 10.83961
Der Campingplatz befindet sich in einem Pinienwald an der maremmanischen Küste. Die Stellplätze sind durch Zäune oder Gebüsch voneinander getrennt. Strand, Restaurant, Pizzeria, Bar, Minimarkt …

GROSSETO & MONTE ARGENTARIO

Im Zentrum der Maremma

Einladende Meeresbucht bei Porto Ercole

19

Grosseto zählt 80.000 Einwohner und ist der Hauptort der Maremma. Einen Besuch der idyllischen Altstadt mit den verlockenden Läden und vielen netten Osterie sollte man nicht verpassen. Knapp 15 Kilometer vom Festland entfernt, punktet das kreisrunde Vorgebirge Monte Argentario mit wilder Schönheit, unberührter Natur, einer spannenden Geschichte und sanftem Tourismus.

Inmitten des ehemaligen Sumpfgebietes liegt Grosseto knapp zehn Kilometer vom Meer entfernt am Fluss Ombrone. Seine Geschichte begann, als im Jahr 935 die historische Etruskerstadt Roselle von den sarazenischen Piraten vollständig zerstört wurde. Die Überlebenden bauten sich eine neue Heimat im wenige Kilometer entfernten Grosseto. Dort standen die kleine Kirche San Giorgio aus dem 8. Jahrhundert und das Kastell an der Via Aurelia.

Bedeutung gewann Grosseto, als Papst Innozenz III. 1138 den Bischofssitz hierher verlegte. 1336 fiel Grosseto an Siena, 1555 an Florenz. Allmählich setzte ein langsamer Niedergang ein. Die Gegend versumpfte zunehmend, die Malaria breitete sich aus ... um 1745 zählte Grosseto gerade noch 650 Einwohner. Erst Großherzog Leopold II. begann im 19. Jahrhundert mit der Trockenlegung der Sümpfe und mit der Wiederaufforstung des Gebiets. Die Stadt wurde wieder bewohnbar, und ein neuer Aufschwung setzte ein.

KLEINE STARKE STADT

Das historische Zentrum ist noch heute von derselben sechseckigen Befestigungsanlage umgeben, die die Medici zwischen 1574 und 1593 erbauen ließen. Eine Wanderung über den öffentlich zugänglichen Mauerring mit den weitläufigen Grünanlagen gibt einen guten Überblick und Einblick in das mittelalterliche Grosseto. Von der Porta Nuova aus spazieren wir entlang der Stadtmauer vorbei am Parco della Rimembranza zur weitläufig angelegten Fortezza Medicea aus dem 16. Jahrhundert. Das Zentrum bildet die **Piazza Dante** mit dem Dom **San Lorenzo**. Er wurde 1302 im gotischen Baustil mit abwechselnd roten und hellbeigen Kalksteinen vollendet und um 1860 restauriert. Der Turm stammt aus dem Jahr 1403. Daneben steht der neogotische Palast der Provinzialregierung aus dem frühen 20. Jahrhundert. Im Zentrum des Platzes steht ein Denkmal für Leopold II.

19

EINEN BESUCH WERT sind die Franziskanerkirche aus dem 13. Jahrhundert und das Museo Archeologico e d'Arte della Maremma. Letzteres zeigt auf zwei Stockwerken antike archäologische Funde aus der Maremma. Das dritte Stockwerk wiederum beherbergt das Museum für sakrale Kunst der Diözese Grosseto.

OSTE SCURO VINOSTERIA. Gepflegte Küche nach Slow-food-Grundsätzen, freundlicher Service, gute Weinauswahl. Via Vincenzo Malenchini 38, Braccagni, Grosseto, Tel. +39 339/878 17 94, slowfoodmaremma.it

RISTORANTE VILLA AMBRA L'OSTE DISPENSA. Direkt am Meer. Eines der besten Fischrestaurants der Gegend – mit tollem Service und fairen Preisen. S. P. Giannella 113, Orbetello, Tel. +39 0564/82 00 85, ostedispensa.it

VERSCHOLLENER STADTSTAAT

Vetulonia, das etruskische Vatl(una), liegt nur wenige Kilometer nordwestlich von Grosseto. Die jüngere Geschichte des einst mächtigen Stadtstaates im etruskischen Zwölfstädtebund liegt im Dunkeln. Irgendwann zerstört, verloren sich die Spuren des einstigen Zentrums. Erst Ende des 19. Jahrhunderts entdeckte ein Arzt und Hobbyarchäologe das untergegangene Vetulonia in der Nähe von Colonna di Buriano und begann mit den Ausgrabungen.

Am Ortsrand des heutigen mittelalterlichen Borgo befindet sich das **Ausgrabungsfeld der Via dei Ciclopi**. Ruinen der etruskischen Wohnviertel und die Zyklopenmauer aus massiven Steinblöcken sind hier zu sehen. Weiter unterhalb liegen an der Via dei Sepolcri die Tumuli der Nekropolen, beeindruckende Erdhügelgräber aus dem 7. Jahrhundert v. Chr. Besonders sehenswert sind die Tomba della Pietrera aus zwei übereinanderliegenden Grabkammern mit zentralem Mittelpfeiler und die Tomba del Diavolino. Sie ist 80 Meter lang und besitzt eine zentrale quadratische Grabkammer. Im **Museo Archeologico Isidoro Falchi** in Vetulonia sind die wichtigsten Funde von Vetulonia ausgestellt, darunter etruskische Grabfunde aus dem 10. bis zum 1. vorchristlichen Jahrhundert.

▲ La Rocca in Porto Ercole ▼ Fischer bei ihrer Arbeit
▶ Im Hafen von Porto Santo Stefano

EINE FELSIGE SCHÖNHEIT

Der felsige **Monte Argentario** war vor langer Zeit eine Insel vor der Küste von Orbetello. Ständige Ablagerungen der Flüsse, vor allem des Albegna, Wind und Meeresströmungen schichteten jedoch Verbindungen zwischen dem Festland und der Insel auf, die im Lauf der Zeit zur Halbinsel wurde. Zwei Landzungen verbinden den Monte heute mit dem Hinterland: die nördliche Feniglia und die südliche Giannella. Zwischen den beiden breitet sich die Lagune von Orbetello aus.

Der höchste Punkt des felsigen Vorgebirges ist der 635 Meter hohe **Monte Telegrafo**. Dichte mediterrane Macchia mit Steineichen, *corbezzoli* (Erdbeerbäumen), Ginstersträuchern, Pinien und seltenen Pflanzen wechselt sich mit Weinbergen ab, auf deren Terrassen die autochthone Rebsorte Ansonica gedeiht. Steil und felsig präsentiert sich auch die Küste, mit wenigen kleinen Stränden, Buchten und bizarren Felsformationen. Die beiden Grotten Azzurra an der Cala dei Santi und Turco an der Costa della Cacciarella sind vom Meer aus zugänglich.

Altes Bauernhaus am Monte Argentario in der Abendstimmung

ATEMBERAUBENDES PANORAMA

Die Aussicht von der **Panoramastraße**, die den Monte Argentario umrundet, ist atemberaubend. Weit reicht der Blick bis zu den Nachbarinseln Giglio und Giannutri, bei klarer Sicht bis nach Elba und sogar nach Korsika. Rund um den Monte Argentario spannt sich eine ganze Kette von **Wachtürmen und Verteidigungsanlagen** aus der Zeit der Sieneser und Spanier. Die meisten dieser Bauwerke aus dem 15. bis 17. Jahrhundert sind heute Ruinen, einige sind jedoch noch gut erhalten und allein wegen ihrer strategischen Panoramalagen einen Besuch wert – so die Torre di Lividonia im Norden, die Torre di Cala Piatti und Torre di Capo d'Uomo im Westen oder die Torre Ciana und Torre Avvoltore im Süden, um nur einige zu nennen.

HOCHBURGEN FÜR BADEURLAUBER

Der renommierte Badeort **Porto Santo Stefano** im Nordwesten bildet gleichzeitig das Zentrum des Monte Argentario. Rund um den alten Handelshafen Del Valle und um den kleinen Touristenhafen Pilarella schmiegt sich der reizende Ort mit der großzügig angelegten Strandpromenade in die Bucht. Dominiert wird das Bild des einstigen Fischerdorfes von der mächtigen quadratischen Festung aus dem Jahr 1563. Von Porto Santo Stefano aus starten die Fähren zu den Inseln Giglio und Giannutri.

Die zweite Badehochburg ist im Südosten **Porto Ercole**, das römische Portus Herculis. Es liegt in einer Bucht an der gegenüberliegenden Seite der Halbinsel. Das reizende historische Zentrum mit dem schönen Sandstrand wird von beeindruckenden Burgen aus dem 15. Jahrhundert bewacht. Der Palazzo Consani an der Piazza Barbara war einst Sitz der spanischen Herrscher. Ganz oben thront die Rocca – die Geschichte der Burg reicht bis in das 12. Jahrhundert zurück. Von hier aus verlaufen die beeindruckenden militärischen Anlagen mit der Stadtmauer Richtung Meer auf der einen Seite zur Festung Filippo (in Privatbesitz), auf der anderen Seite zur Festung Stella (Museum) im Südwesten.

PESCHERIA DA ROBERTO. Fangfrischer Fisch – mit allem, was das Meer hier zu bieten hat. Via Scalo Colombo 20, Porto Santo Stefano, Tel. +39 0564/81 26 93

PANIFICIO ALOCCI. Frisches Brot, Pizza und Süßspeisen in großer Auswahl. Viale Guglielmo Marconi 12/14, Porto Santo Stefano, Tel. +39 0564/81 27 30

BOTTEGA DEL SEGGIOLAIO. In der Werkstatt werden noch die berühmten Schaukelstühle der *butteri*, der Cowboys der Maremma, sowie Stühle und Sessel in Flechtwerk hergestellt. Via Chiasso degli Zuavi 5a, Grosseto

ORBETELLO

Das nette Städtchen Orbetello liegt auf einer Landzunge in der gleichnamigen Lagune. Umgeben ist es von noch gut erhaltenen etruskischen Mauern und Befestigungsanlagen, die die Sieneser und Spanier ausbauten. Von der Landseite her betritt man die Stadt durch die **Porta Nuova**. Das Tor mit den drei Durchgängen ziert eine Büste des Stadtheiligen San Biagio. Gleich dahinter stehen in der Parkanlage Piazza IV Novembre die spanische Festung von 1557 und daneben das alte Krankenhaus mit der Kirche Madonna delle Grazie. Über die Via Dante erreicht man den Dom **Santa Maria Assunta** aus dem 13. Jahrhundert mit der gotischen Fassade. An der gegenüberliegenden Seite steht das ehemalige **Klarissenkloster** mit dem berühmten Giebelfries des etruskischen Tempels von Talamone. Auf dem Frontone del Tempio di Talamone ist eine Episode aus dem Ersten

19

Thebanischen Krieg mit dem Zug der Sieben gegen Theben aus der griechischen Mythologie und der Ödipus-Trilogie des Aischylos abgebildet. Im Zentrum der Stadt diente an der Piazza Garibaldi der Palazzo di Spagna von 1557 bis 1707 als Residenz des spanischen Vizekönigs. Daneben steht der Uhrturm aus dem 16. Jahrhundert. Im Pulverturm Guzman von 1692 ist heute das archäologische Museum der Stadt untergebracht.

Tipp

Knapp 15 Kilometer liegt die 21 Quadratkilometer große Urlaubsinsel Giglio vom Festland entfernt. »Ein Schatz, den es zu entdecken gilt«, so die Tourismuswerbung. Und wirklich bietet Giglio alles, was das Herz begehrt: unberührte Natur, kristallklares Wasser, herrliche Strände und Buchten (mit Sand oder Fels), traumhafte Wanderwege und sämtliche Infrastrukturen für einen erholsamen, aktiven und genussvollen Urlaub.

◀ In der beschaulichen Altstadt von Castiglione della Pescaia ▲ Aussicht vom Hotel Pelicano am Monte Argentario ▼ Auf der Piazza Dante in Grosseto

AUF EINEN BLICK

Info

STADT/REGION: Grosseto, Monte Argentario, Orbetello
BESTE REISEZEIT: März–Oktober
OPTIMALE REISEDAUER: 3–4 Tage
TOURISTINFOS: Ufficio Turistico Grosseto, Corso Carducci, Grosseto, Tel. +39 0564/48 85 73, quimaremmatoscana.it, grosseto-info.com
Uffici Turistici di Monte Argentario, Piazza del Valle, Porto Santo Stefano, Tel. +39 0564/33 20 75, monteargentario.info, prolocomonteargentario.com
Ufficio Turistico di Orbetello, Piazza della Repubblica 1, Orbetello, Tel. +39 0564/86 04 47, orbetelloturismo.it

NICHT VERSÄUMEN

GROSSETO: grosseto-info.com
FORTEZZA MEDICEA: Bastione Fortezza, Grosseto
PIAZZA DANTE MIT DOM SAN LORENZO: Grosseto
MUSEO ARCHEOLOGICO E D'ARTE DELLA MAREMMA: Piazza Alfredo Baccarini 3, Grosseto, Tel. +39 0564/48 87 52, maam.comune.grosseto.it
MUSEO ARCHEOLOGICO ISIDORO FALCHI: Piazza Vetluna, Vetulonia, Tel. +39 0564/94 80 58, museoisidorofalchi.it
MONTE ARGENTARIO: monteargentario.info
PORTO SANTO STEFANO UND PORTO ERCOLE: prolocomonteargentario.com
ORBETELLO: orbetelloturismo.it
ISOLA GIGLIO: giglioinfo.it

CAMPING EDEN

ADRESSE: Viale Montecristo 72, Marina di Grosseto, Tel. +39 0564/64 92 55, campingedenmaremma.it
GPS: 42.72972 / 10.98058
Der kleine und malerische Camping Eden liegt seit 1967 im Pinienwald von Marina di Grosseto. Saubere und komfortable Einrichtungen, einladend und gut organisiert. 8/10 Minuten zu Fuß zum Strand.

ORTS- UND SACHREGISTER

CAMPING- UND STELLPLÄTZE

IMPRESSUM

Verantwortlich: Kerstin Thiele
Lektorat: Helga Peterz
Layout- und Umschlaggestaltung:
Helene Schumacher
Satz: Silke Schüler
Repro: LUDWIG:media
Kartografie: Huber Kartografie
Herstellung: Anna Katavic
Printed in Slovenia by Florjancic

Unser komplettes Programm finden Sie unter www.bruckmann.de

★★★★★

Sind Sie mit diesem Titel zufrieden? Dann würden wir uns über Ihre Weiterempfehlung freuen. Erzählen Sie es im Freundeskreis, berichten Sie Ihrem Buchhändler, oder bewerten Sie bei Onlinekauf. Und wenn Sie Kritik, Korrekturen, Aktualisierungen haben, freuen wir uns über Ihre Nachricht an Bruckmann Verlag, Postfach 40 02 09, D-80702 München oder per E-Mail an lektorat@verlagshaus.de.

Aus Gründen der besseren Lesbarkeit verwenden wir in diesem Buch das generische Maskulinum. Weibliche und anderweitige Geschlechter-Identitäten werden dabei ausdrücklich mitgemeint, soweit es für die Aussage erforderlich ist.

Bildnachweis: Alle Bilder im Innenteil und auf dem Umschlag stammen von Udo Bernhart. Illustrationen: Tiwat K/Shutterstock: passim

Umschlagvorderseite: Castello di Argiano bei Montalcino
Umschlagrückseite: Blick über Montalcino

Die Deutsche Nationalbibliothek verzeichnet diese Publikation in der Deutschen Nationalbibliografie; detaillierte bibliografische Daten sind im Internet über http://dnb.d-nb.de abrufbar.

ISBN 978-3-7343-2714-8